한국교회의 복음화를 위하여

명례특강 1
한국교회의 복음화를 위하여

2015년 5월 30일 초판 1쇄 발행
2015년 8월 20일 초판 2쇄 발행

저　자　이제민
발행인　김영준
발행처　경세원

등록일　1978. 12. 14. No.1-57
주　소　경기도 파주시 회동길 77-4(문발동 파주출판도시 534-4)
전　화　031) 955-7441~3
팩　스　031) 955-7444
홈페이지　www.kyongsaewon.co.kr
이메일　kyongsae@hanmail.net

ⓒ 이제민, 2015

ISBN 978-89-8341-109-9

정가 12,000원

명례특강 1

정양모
서공석
이순성
이제민

한국교회의 복음화를 위하여

경세원

머리말

복자 신석복 마르코의 생가 터가 있는 밀양 명례성지는 매주 목요일 복음화학교를 운영하고 있으며 한 달에 한 번 특강과 1년에 한 번 심포지엄을 개최한다. 복음화는 교회의 과제이다. 이 과제를 실현하기 위해서는 복음의 내용을 깨닫도록 해야 한다. 이를 소홀히 할 때 천국, 하느님, 그리스도, 교회에 대한 믿음은 맹신과 광신이 될 수 있으며 사람을 그릇된 길로 안내할 수 있다. 그동안 복음화 학교에서 정양모 신부님, 서공석 신부님, 이순성 신부님께서 강의한 내용을 소개한다. 「프란치스코 교황 방한 이후 한국 천주교에 주어진 과제」는 교황 방한 이후 개신교에서 개최한 심포지엄에서 발표한 것이다. 성경은 『새성경』에서 인용하였으며 필자에 따라 200주년 성서와 공동번역성서를 괄호 속에 명기하였다.

2015년 5월 이제민

머리말 5

예수 그리스도와 그리스도인 11
정양모 신부

1. 예수님의 신심 13
선한 포도원주인의 비유 13
선한 아버지의 비유 14
밭에 숨겨진 보물의 비유와 진주 장사꾼의 비유 16

2. 예수님의 연민 17
바리사이와 세리의 기도 예화 18
예리고 세관장 자캐오 이야기 19
간음하다가 잡혀온 여인 이야기 19
착한 사마리아인의 예화 21

3. 예수 그리스도와 닮은 꼴 그리스도인 23
첫째 대립명제: 성내지도 말라 23
넷째 대립명제: 맹세하지 말라 24
다섯째 대립명제: 보복하지 말라 25

예수 그리스도의 하느님 29
서공석 신부

1. 하느님은 계신다. 33
2. 하느님은 하느님의 나라로 계신다. 36
3. 하느님은 일하신다. 40
4. 하느님은 인간과 다르시다. 43
5. 하느님은 성령이시다. 45

마음으로 하는 마음을 읽는 마음의 신학 55
이제민 신부

1. 베드로의 언어 예수님의 언어 57
2. 베드로 고백의 모순 59
3. 마음을 읽으시는 예수님 63
4. 신앙의 감각(sensus fidei) 65
5. 어머니의 신앙 감각 67
6. 성경의 언어 69
7. 학자들의 언어와 교회의 언어 70
부록: 서공석 신부님 금경축 축하 말 74

성체성사: 먹고 죽읍시다 79
이순성 신부

1. 우리 주님 예수 그리스도께서 이 세상에 오신 이유(혹은 목적) 81
   33년이라는 기간의 중요성 82
   33년 중 앞선 30년간 하신 일 82
   마지막 3년간 하신 일 85
   - 의미설명 없이 거저 먹을거리를 제공하신 일들 86
   - 발전적인 모습으로 행하는 먹을거리 제공 사건 87
   - '먹을거리' 제공 사건의 종합 89
   - 종합사건의 실천여부 점검과 핵심적인 의미 각인시킴 90
   - 정리 93

2. 성체성사의 의미와 그에 대한 이해 95
   부분에서 드러나는 통시적 의미와 해설 96
   - "너희는 모두 이것을 받아먹어라" 96
   - "이는 너희를 위하여 내어 줄 내 몸이다" 99

- "너희는 모두 이것을 받아 마셔라" 100
- "이는 새롭고 영원한 계약을 맺는 내 피의 잔이니" 100
- "죄를 사하여 주려고 너희와 모든 이를 위하여 흘릴 피다" 102
- "너희는 나를 기억하여 이를 행하라" 105

요약과 반성 107

결어 111

프란치스코 교황 방한 이후 한국 천주교에 주어진 과제 123
이제민 신부

1. 교황 방한과 그 열광이 남긴 것 124

2. 교황의 방한이 남긴 과제 130
   중앙에서 변두리를 향하다 (중심주의에서 벗어난 인생) 131
   가난하고 힘없는 자를 향하다 133
   성직자 중심주의와 권위주의에 대한 비판 138
   복음과 새 복음화 141
   선교하는 교회 142
   교회일치를 위한 대화 143

교회개혁 8개 조 149
정양모 신부

1. 예수에 대한 신앙에서 예수의 신앙으로 151
2. 현실 야합에서 예언자적 자세로 153
3. 배타주의에서 종교다원주의로 154
4. 죄 강조 대신 사랑 강조의 영성으로 157
5. 상하구조 교회에서 평등구조 교회로 158

6. 표층신앙에서 심층신앙으로   160
   7. 교훈적 강론에서 복음선포로   162
   8. 참되고 착하고 아름다운 교회를 그리워하며   163

수도자와 공동체   165
이제민 신부

   1. 매력 있으면서도 매력 없는 수도자 삶   166

   2. 공동체   171
      공동체 삶   172
      함께 하는 삶   177
      교회의 유혹   180
      수도 공동체에게 바람   181

   3. 수도자와 복음삼덕   185
      가난   188
      정결   191
      권위와 순명   192
      예언자   194

   4. 성체성사의 삶: 함께 하는 삶   196

예수 그리스도와 그리스도인

정양모 신부

❧❧❧

나는 1961년부터 1970년까지 프랑스, 독일, 이스라엘에서 역사의 예수와 신앙의 그리스도를 공부할 수 있었던 것을 큰 행운으로 생각하고 늘 감사한다. 1970년부터 2001년에 걸쳐 광주 가톨릭대, 서강대, 성공회대에서 후학을 가르치면서 예수그리스도 연구를 계속한 것을 천행으로 여긴다.

나는 유대인 예수의 하느님 나라 운동과 예수 사후에 예수 그리스도를 그리스–로마 세계에 전파한 사람들의 기독관을 담은 신약성경, 그리고 2천 년 동안 서구인들이 쌓은 신앙과 신학 전통을 수용하는 한편, 그 전통을 내 나름대로 이해하려고 애쓴다. 옛 글을 즐기면서 그 글의 까닭(故)을 묻는다(溫故而知新, 『논어』, 위정, 11). 내가 서구 언어로 이 글을 쓴다면 학계의 견해를 길게 소개하고 자신의 입장을 뒷받침하기 위해서 발설 근거와 변명을 늘어놓지 않을 수 없을 것이다. 이와는 달리 일체 번거로운 토론은 제쳐두고 내가 믿고 생각하는 바를 편안한 마음으로 (sine ira et odio) 적어 내려가고자 한다. 정부인 안동장씨(貞夫人 安東張氏 1598~1680)의 시 한 수를 빌려 내 심정을 드러낸다(이혜수·정하영 역편, 『한국고전여성문학의 세계; 한시편』, 이화여대 출판부, 1998, 65쪽).

성인을 노래함	聖人吟
성인과 같은 때에 나지 않아서	不生聖人時
성인의 모습 볼 수가 없지만	不見聖人面
성인의 말씀은 들을 수 있으니	聖人言可聞
성인의 마음은 볼 수 있네	聖人心可見

1. 예수님의 신심

예수님의 설교 주제가 하느님 나라(Basileia tou theou, 마르 1,15)임은 잘 알려진 사실이다. 이것을 직역하면 하느님의 왕정이고, 공간적 의미가 들어있는 드문 경우에는 하느님의 왕국이다. 신약성경 번역을 보면 하느님의 왕정과 왕국을 뭉뚱그려 하느님의 나라라고 번역한다. 임금이 통치하는 시대는 지났으니 왕정이나 왕국은 한물 간 표현이다. 그럼 순 우리말로 하느님의 다스림이라고 할까? 그러나 민주화 시대에 어감이 좋지 않다. 궁여지책으로 예수의 설교 주제를 하느님의 베푸심·선하심·돌보심이라고 부르겠다. 예수께서는 여러 비유로 생생하게 이를 설명했다.

선한 포도원 주인의 비유 (마태 20,1-16)

선한 포도원 주인의 비유 이야기부터 살펴보자. 이스라엘에서는 예나 이제나 10월 말경 포도 수확철이 되면 일손이 많이 필요하다. 포도원 주인은 오전 6, 9, 12시, 그리고 오후 3시에 인력시장에 가서 일꾼들을 고용한다. 얼마나 일손이 필요했던지 오후 5시에 마지막으로 또 일꾼을 고용한다. 오후 6시 일몰 때 일당을 지불하는데 맨 나중에 와서 한 시간 일한 일꾼부터 시작해서 일당을 지불하라고 주인이 명한다. 당시 노동자의 일당이 로마 은전 한 데나리온이었으니 한 시간 일한 일꾼은 12분의 1 데나리온을 받는 게 정상이다. 그런데 주인은 뜻밖에도 하루치 일당 한 데나리온을 주었다. 그리고 새벽 6시에 고용되어 12시간 일한 사람에게도 똑 같이 한 데나리온을 주었다. 포도원

주인의 처사는 매우 파격적이다. 일한 만큼 예우한 게 아니라, 오후 5시까지 고용되지 못한 일꾼의 딱한 처지를 불쌍히 여겼던 것이다. 이들은 다른 일꾼들보다 노약하거나 지능이 부족해서 저녁때까지 팔려 가지 못했을 것이다. 이들에게도 가족이 딸려 있을 것이다. 가장이 한 데나리온을 벌어 와야만 가족은 하루 먹을거리를 해결할 수 있었겠다. 포도원의 선한 주인은 일한 양보다 가련한 노동자의 처지를 동정했다. 하느님은 바로 이런 분이시라는 뜻이다. 눈썰미 사나운 박완서는 이 비유의 핵심을 딱 짚었다. "하느님의 저울은 인간의 지혜가 만든 어떤 정밀한 저울보다도 틀림없다"(『성서와 함께』, 1990년 8월호)

선한 아버지의 비유 (루카 15,11-32)

어떤 부자에게 아들이 둘이 있었다. 아버지는 율법에 따라서 장남에게 재산의 3분의 2를, 차남에게 3분의 1을 나누어 주었다. 차남은 사창가에서 재산을 몽땅 날리고 알거지가 되었다. 조선 말기의 가정소설 『이춘풍전』을 떠올리게 된다. 차남은 너무 배가 고파서 겨우 얻은 일자리가 고작 돼지를 치는 일이었다. 유대인들은 예나 이제나 돼지를 가장 불결한 짐승으로 여겨 금기 식품 1호로 돼지고기를 꼽는 사실을 감안할 때, 저 차남은 절망의 나락에 빠졌다고 하겠다. 돼지먹이 가룹(그리스어로 Keration, 아랍어로 Kharrub) 꼬투리로나마 배를 채울까 했지만, 돼지농장 주인은 그것마저 허락하지 않았다. 그제야 차남은 정신을 차리고 아버지 집으로 돌아갔다. "차남이 아직 멀리 있었는데, 아버지는 그를 알아보고 측은히 여겨 달려가서 그의 목을 끌어안고 입을 맞추었다. 아버지는 종들에게 일렀다 '어서 제일 좋은 옷을 가져다가 입히고 손에는 가락지를 끼워주고 발에는 신을 신겨주어라. 그리고 살진 송아지를 끌어내다 잡아라 …' 그래서 즐거운 잔치를 벌였다."(20-24절) 비유 이야기는 계속된다. 들에서 돌아온 장남이 이 광경을 보고 아버지께 불평을 하니까 아버지는 이렇게 타일렀다. "얘야, 너는 항상 나와 함께 있으니 내 것은 다 너의 것이다. 그런데 너의 아우는 죽었다가 살아났고, 내가 잃었다가 찾았으니 즐기고 기뻐해야 한다." (31-32절)

이제 선한 아버지의 비유에 담긴 뜻을 살필 차례다.

첫째, 하느님 아버지를 떠난 인간의 모습은 저 탕자처럼 비참하다는 말씀이다. 탕자가 사는 길은 아버지께로 되돌아가는 것밖에 없다. 돌아섬, 되돌아섬이 회개를 가리키는 히브리어(동사 슙, 명사 터슈바)의 원래 뜻이다. 하느님을 등진 인간이 하느님께로 되돌아서는 방향전환·전향·회귀가 회개의 히브리적 의미다. 유대교 철학자 마르틴 부버(1878~1965)는 동유럽 랍비들의 이야기를 소개하면서, 돌아섬의 뜻을 생생하게 밝혔다(『인간의 길』, 분도, 1977, 39~45쪽).

둘째, 비유의 역점은 회개하는 죄인을 기꺼이 받아들이는 하느님의 선하심에 있다. 아울러 하느님의 선하심을 이해하지 못하는 인간의 좁쌀 한 톨만도 못한 편협함을 폭로한다(루카 15,25-30; 참조 마태 20,10-15).

셋째, 유럽 화가들은 탕자의 귀가를 그리곤 했는데 렘브란트(1606~1669)가 죽기 일 년쯤 전에 그린 명화(에르미타주 박물관 소장)가 가장 빼어나다. 눈이 거의 감기다시피한 연로한 아버지가 붉은 망토를 걸치고, 무릎을 꿇은 차남의 등을 어루만지는데, 눈여겨보면 한 손은 남자 손이지만 또 한 손은 여자 손이다! 무슨 뜻일까? 부정과 모정을 다해서 너를 사랑한다는 뜻이 담긴 손 모양새다. 예수의 하느님은 그런 분이시다!

밭에 숨겨진 보물의 비유와 진주 장사꾼의 비유 (마태 13,44-46)

예수께서 두 가지 비유를 한꺼번에 발설하셨으리라는 학설과, 예수께서 따로따로 발설하셨는데 마태오가 함께 모아서 쌍 비유가 되었으리라는 학설이 맞서고 있는데, 두 비유의 뜻을 풀이하는 데는 별 차이가 없다.

우선, 밭에 숨겨진 보물의 비유 이야기부터 살펴보겠다. 소작농이나 품꾼이 남의 밭을 갈다가 우연히 보물단지를 발견한다. 단지를 묻어두고 비싼 값을 치르더라도 그 밭을 사서 보물을 차지하고야 만다는 이야기다. 진주 장사꾼은 우연히 값진 진주를 발견한 게 아니고 최상급 진주를 애써 찾아 나섰다가 발견하고 비싼 값으로 사들인다. 이제 쌍 비유의 뜻을 찾을 차례다. 아무래도 쌍 비유는 예수의 신상발언인 것 같다. 예수께서 고향을 등지고 직업을 팽개치고 어머니 공양과 동생들 부양을 저버린 까닭은 하느님의 선하심과 베푸심과 돌보심에 매료되셨기 때문이었다. 하느님은 전심전력 섬길 임이심을 예수께선 절감하셨던 것이다.

이제 예수님의 신심을 집약할 차례다. 유대교는 유일신 야훼를 섬긴다. 예수께서도 유일신 신앙을 물려받았다. 다만 유대교에서는 입법자 하느님, 심판자 하느님을 강조한 데 비해서 예수께선 위의 비유들에서 보다시피 하느님의 선하심을 강조하셨다. 예수께서는 율법차원의 신관을 사랑차원의 신관으로 정화하셨다고 하겠다. 이는 예수께서 하느님을 '아빠'라고 부르신 호칭에서 확인된다.

예수께서는 하느님을 점잖게 아버지, 우리 아버지라고 부르지 않고 '아빠'라고 부르신 것은 널리 알려진 사실이다(마르 14,36). 그 영향으로 1세기 그리스도인들도 하느님을 '아빠'라고 불렀다(갈라 4,6;로마 8,15). '아빠'는 본디 어린아이의 말(소아어)이다. 아이가 어른이 되어서도 아버지를 정겹게 아빠라고 부르는 수도 있는데, 부자간에 정이 넘치는 호칭임에 틀림없다.

괴팅겐 대학의 석학 요아킴 예레미아스는 예수의 하느님 호칭 '아빠'를 평생 연구한 결과를 발표했다. 예레미아스는 장구한 유대교 역사상 예수께서 처음으로 하느님을 아빠라고 불렀고, 그 영향으로 그리스도인들이 기도할 때 그런 신칭을 썼다는 사실을 밝혔다. 에레미아스 교수에게서 직접들은 감동적인 이야기다. 자신의 연구결과의 진위를 가리려고 유대교 랍비들에게, 하느님을 아빠라고 부르면서 기도하면 좋지 않겠느냐고 했더니, 기절초풍하면서 "무례한지고", "무엄한지고" 하면서 거부반응을 보였다고 한다. 그래서 자신의 연구결과가 확인되었다고 했다.

하느님이 아빠시라면 예수 자신은 하느님 앞에서 아가라는 의식을 지니셨겠다. 예수께서 어린이 영성을 부르짖은 것은 결코 우연이 아니다(마르 10,13-16). 예수님의 영성은 부자유친 영성이다. 우리가 예수님처럼 하느님을 아빠로 체험한다면 최상이겠지만, 적어도 예수님의 체험을 자기 것으로 삼는 추체험(追體驗)이 필요하다. 동방의 성인 다석 유영모(1890~1981)는 예수의 신심을 이렇게 표현했다. "지극한 효는 하느님에게 바치는 것입니다. 이 세상의 아버지에게만 효를 행하는 것이 아닙니다. 위의 저 한웋님에게 하는 효라야 만백성도 이에 순종할 수 있습니다. 예수가 한웋님에 대해서는 그 누구보다도 효자인 것입니다. 한웋님을 아끼고 사랑하는 것을 예수처럼 한 이가 없습니다."(『다석강의』, 현암사, 2006, 916쪽).

2. 예수님의 연민

하느님의 선하심과 베푸심과 돌보심에 푹 빠져 사신 예수시라, 인간에 대한 연민 또한 넘친다. 특히, 사람이면서 사람대접을 못 받고 산 세리들과 죄인들을 감싸신 말씀과 행적은 감동을 자아낸다.

바리사이와 세리의 기도 예화(루카 18,9-14)

바리사이는 613가지 계율을 다 지키기로 작심한 평신도로서 예수시대에 그 수효는 6천 명쯤 되었다. 여기서 세리는 가파르나움, 예리고 등 접경지역에서 관세를 거두어들이는 세관원으로서 세리들은 직업상 죄인 취급을 받았다. 그 까닭인즉, 매일 외국인과 외국 수입품목과 접촉했기 때문이요, 법정 액수보다 많이 징세해서 착복하기 일쑤였기 때문이다. 요즘도 세무서와 세관은 이권부서로 물의가 잦은 편이다.

바리사이와 세리가 예루살렘 성전에 올라가서 기도하는 모습을 보자. 바리사이는 "자기 자신을 향하여" 기도했다고 했으니(파피루스 75. 바티칸 사본), 바리사이는 하느님과 대화한 것이 아니고 결국 독백을 한 셈이다. 그리고 자기 자랑을 잔뜩 늘어놓고 나서, 자신은 강도, 불의, 간통을 일삼는 인간들과는 질적으로 다를뿐더러, 성전 마당 저 멀리서 머리를 쳐들지도 못하고 가슴을 치고 있는 세리와는 비교도 할 수 없는 의인으로 자처한다. 바리사이가 뻐기는 꼴을 보라. 일반 유대인은 1년에 단 하루 속죄의 날에 단식한 데 비해서 바리사이는 매주 월요일과 목요일에 단식했다(열두 사도들의 가르침 8,1). 그리고 일반 유대인은 곡식과 포도주와 올리브기름을 생산하면 십일조를 바쳤는데(신명 14,22-23), 바리사이는 모든 수입의 십일조를 바쳤다. 이들은 박하와 시라와 소회향 등 향신료를 생산해도 십일조를 바쳤다(마태 23,23). 심지어 시장에서 물품을 구입하면 또 십일조를 바쳤다. 혹시라도 물품 생산자가 십일조를 바치지 않았을까 염려한 나머지, 생산자 대신 구입자로서 십일조를 바쳤던 것이다. 예화에 대한 예수님의 결론은 파격이다. "여러분에게 이르거니와, 바리사이가 아니라 세리가 의롭게 되어 자기 집으로 내려갔다."(14a절).

예리고 세관장 자캐오 이야기(루카 19,1-10)

예리고는 요르단 강 서안에 있는 오아시스 도시라 세관이 있었고 자캐오는 그곳 세관장이었다. 이야기 줄거리는 이렇다. 예수께서 예리고를 지나가신다는 소문을 듣고 자캐오는 예수님 모습을 보고 싶었지만 키가 너무 작아서 볼 수가 없었다. 궁즉통(窮則通)이라, 돌 무화과나무 위로 올라가서 예수님을 내려다보는데, 예수께서 쳐다보시고 뜻밖의 말씀을 하셨다. "자캐오 씨, 빨리 내려오시오. 오늘 내가 당신 집에 머물겠소."(5절). 자캐오는 너무도 황송한 나머지 회개하기로 작심하고 예수께 이런 말씀을 드렸다. "보십시오. 주님, 제 재산의 절반을 가난한 사람들에게 나누어 주겠습니다. 그리고 제가 남의 것을 등쳐먹은 적이 있다면 네 곱절로 갚아주겠습니다."(8절). 이에 예수께서 화답하셨다. "오늘 이 집에 구원이 이루어졌습니다. 실상 이 사람도 아브라함의 아들입니다."(9절 필자번역).

간음하다가 잡혀온 여인 이야기(요한 8,1-11)

바리사이와 율사들이, 간음하다가 들킨 부인을 성전에 계신 예수께 끌고 와서 고약한 질문을 던졌다. "율법에서 모세는, 간음한 여자를 돌로 쳐 죽이라고 우리에게 명했습니다. 당신은 뭐라고 하시겠습니까?(5절). 예수께서 어떻게 대답하든 곤경에 처할 수밖에 없는 아주 고약한 물음이다. 율법(신명기 22장 23-24절)에 따라서, 돌로 쳐 죽이라고 답변하셨다면, 당시 로마 총독만 극형을 내릴 수 있던 로마제국의 법률을 어기는 셈이요, 예수께서 설파한 하느님 자비의 복음에 흠집을 내게 되었을 것이다. 그렇다고 정반대로, 용서해 주라고 답변하셨다면 유대교 율법을 어기는 것이었다. 예수께서 가타부타 대답하지 않고, '몸을 굽혀 땅바닥에 무엇인가 쓰셨다.'(8절). 무엇을 쓰셨을까? 알 수 없지만 한 가지만은 분명하다. 내가 너희들 술수에 말려들 줄 알고, 어림 반 푼어치도 없지 하는 태도였던 것이다. 그러다가 던진 한마디 말씀이 비수 같았다. "당신들 가운데서 죄 없는 사람이 먼저 이 여자에게 돌을 던지시오." 이 말씀을 듣고 어느 누가 먼저 돌을 들 수 있겠나? 바리사이와 율사들의 반응이 걸작이다. "듣고 있던 사람들은 나이 많은 이들부터 시작하여 하나하나 떠나가 버리고 예수만 남고 여자는 그대로 있었다."(9절). 죄가 별건가, 사는 게 죄지, 라고 한 어느 노인의 체념 섞인 말이 떠오른다. 『장자』「천지편」에 나오는 "오래 살면 치욕스러운 일이 많다"(壽則多辱)는 명구도 생각난다. 이야기의 백미는 이야기 끝에 달린 예수님의 말씀이다. "나는 부인을 단죄하지 않습니다. 가시오. 그리고 이제부터 다시는 죄를 짓지 마시오."(11절). 과거를 묻지 않겠다. 새 출발하라는 복음이다! 박태식 신부는 이 단락을 쉽고 분명하고 구수하게 풀이했다. 관심 있는 이는 『예수의 논쟁사화』(박태식, 늘봄, 2009, 86-93쪽)를 일독하기 바란다.

착한 사마리아인의 예화 (루카 10,29-37)

예루살렘은 해발 760미터에 자리 잡고 있는 데 비해서 오아시스 소읍 예리고는 해저 258미터에 위치하고 있기 때문에, 예루살렘에서 예리고로 가는 백리 좀 안 되는 길은 계속 내리막길이다. 그 사이는 황량한 유다 사막이라 인적이 없고, 따라서 강도가 자주 출몰하곤 했다. 오늘 예화의 내용은 이렇다. 어떤 유대인이 예루살렘에서 예리고로 내려가다가 강도를 만나서 상처를 입고 죽을 지경이 되었다. 예루살렘 성전에서 제사를 지내고 예리고에 있는 집으로 내려가던 제관과 제관 보조 레위인은 초죽음이 된 동족을 보고도 그냥 지나쳤다. 유대인과는 혈통과 종교가 달라서 사이가 몹시 나빴던 사마리아인이 강도당한 유대인을 보자 즉각 응급조치를 한 다음 자기 나귀에 태워 예리고 여관으로 데려가 완쾌될 때까지 돌보도록 선처했다. 예화의 취지는 자명하다. 목숨이 위태로운 사람을 만나면 핏줄 따지지 말고 종교 따지지 말고 전심전력으로 돌보라는 뜻이 이야기에 절로 드러난다. 예수님의 민족차별을 넘어서는 이런 예화의 영향을 받아서 서기 30년 5월 예루살렘에서 교회를 창립한 사도들은 사마리아인들에게 전도할 수 있는 용기를 가졌다(사도 8,4-25).

빈센트 반 고흐(1863~1890)는 외젠 들라크루아(1798~1863)가 1849~1851년에 그린「착한 사마리아인」유화를 보고 죽기 한 해 전인 1889년에 모사했다(오테를로, 크뢸러 뮐러 미술관 소장). 들라크루아의 유화가 흑색·홍색 주조의 어두운 그림인데 비해서, 반 고흐의 모사 유화는 청색·황색 위주의 밝은 그림이다. 반 고흐가 착한 사마리아인이 강도당한 사람을 나귀에 태우는 장면을 뒤집어서 그린 것도 이채롭다.

이제 예수님의 연민을 집약해 볼 차례다. 세관원은 세관에서 늘 이방인과 상종하고 외국 물품을 다루는 까닭에 항상 불결한 상태에서 산다고 여겨졌다. 거기에다 정액보다 더 받아서 폭리를 취한다고 하여 사기꾼으로 통했다. 그래서 세관원은 회당 예배와 성전 제사에 참석할 수 없었고, 범죄 현장을 목격했다 해도 유대교 법정에 증인으로 출석할 수도 없었다. 예수 당시 세리는 조선조의 백정, 광대보다 더 고약한 천민이었다. 요즘 세상에서 예를 든다면 인도의 불가촉천민(달리트) 취급을 받았다고 할 수 있다.

예수께서 세리들과 수시로 사귀고 함께 어울려 식사하셨기 때문에(마르 2,13-17) 심한 욕을 얻어먹었다. "인자가 와서 먹고 마시자, '보라. 저자는 먹보요 술꾼이며 세리와 죄인들의 친구다'라고 말합니다."(마태 11,19=루카 7,34 200주년). 이런 쌍욕을 듣고 가만히 계실 예수시겠는가? 폭탄선언을 하시지. "진실로 여러분에게 이르거니와, 세리와 창녀들이 바리사이와 율사 여러분보다 앞서 하느님 나라로 들어갈 것입니다."(마태 21,31 필자번역).

예수께서 안식일보다 사람의 평안을 앞세운 사실(마르 1,21-28·29-31; 3,1-6; 루카 13,10-17; 14,1-6; 요한 5,1-18; 9,1-41), 제사보다 자비를 중시한 사실(마태 9,13), 정결례보다 마음의 순결을 중시한 사실(마르 7,1-23)도 눈여겨보라!

게라사의 미친 사람을 고치신 구마 이적 사화(마르 5,1-20), 시로페니키아 부인의 딸을 고치신 구마 이적 사화(마르 7,24-30), 백부장의 종을 고치신 치유 이적 사화(마태 8,5-13=루카 7,1-1), 사마리아인의 예화(루카 10,29-37) 등의 영향으로 원시교회는 사마리아인과 이방인들에게 복음을 전하게 되었다. 그리하여 민족종교인 유대교와는 달리 교회는 세계만민 보편종교로 발전할 수 있었다.

3. 예수 그리스도와 닮은 꼴 그리스도인

천주, 천주교인이라는 낱말은 중국에서 전도한 마태오 리치(1552~1610)와 미켈 루지에리(1547~1607)가 만들어낸 신조어다. 가톨릭이라는 낱말은 서기 110년경 로마에서 맹수형으로 순교한, 안티오키아 주교 이냐시오스가 보편교회라는 뜻으로 쓴 말이다(스미르나 편지 8,2). 이보다 훨씬 앞서 시리아의 수도 안티오키아에서는 그리스도인이라는 신조어가 생겨났다(사도 11,26). 그리스도인이라는 이름값을 하자면 별 수 없이 예수 그리스도를 익히고 닮아야 한다. 참 그리스도인이 되려면 예수님이 강조하고 체현하신 애주애인(愛主愛人) 계명(마르 12,28-34)을 명심하고 지켜야 한다. 마태오는 그 큰 계명의 구체적 지침을 산상수훈(마태 5-7장)에 모아 놓았다. 예수님의 구체적 지침은 너무도 파격적이어서, 곧이곧대로 지킬 수 있다, 지킬 수 없다는 논란이 계속되고 있는 형편이다. 자구대로 지킬 수는 없겠지만 경천애인의 구체적 방향을 제시했다는 뜻에서 이는 방향규범이라 하겠다. 당장에 다 지킬 수는 없겠지만 신심이 자라면서 점점 더 지킬 수 있다는 뜻에서 이는 또 성장규범이라 하겠다. 예수께서는 방향규범, 성장규범을 강조코자 언어충격 용법을 쓰곤 하셨다. 이는 여섯 가지 대립명제(마태 5,21-48)에 생생하게 드러나는데, 여기서는 세 가지 대립명제만 예시하겠다.

첫째 대립명제: 성내지도 말라(마태 5,21-26)

십계명에는 '살인하지 말라'는 금령이 있다(출애 20,13; 신명 5,17). 예수께서는 살인 이전에 분노하는 것조차 금하셨다. 분노하면 쉽게 입에서 튀어

나오는 '바보', '천치'라는 욕설조차 금하셨다. 분노와 욕설 따위도 이웃사랑을 금가게 하는 까닭이다. 예수께서 이웃사랑을 거스르는 분노와 욕설을 금하셨지, 의분과 정당한 비판까지 단죄하셨다고 볼 수는 없겠다.

넷째 대립명제: 맹세하지 말라(마태 5,33-37)

유대인들은 맹세를 자주 했는데, 맹세는 자기 말의 신빙성을 강조하려고 하느님을 증인으로 내세우는 말이다. 맹세에는 두 가지 종류가 있다. 지난 일을 두고 하는 과거지향적, 단정적 맹세가 있고(레위 19,12), 앞으로 무슨 선행을 하겠다는 미래지향적, 서약적 맹세가 있다(민수 30,3). 예수께서 보시기에 사람들이 서로 불신하기 때문에 맹세를 남발하는 것이니, 모름지기 당신 제자들은 절대로 맹세하지 말아야 한다고 하셨다. 그럼 사도 바울로가 시도 때도 없이 유대인 관행대로 맹세한 사실은 어떻게 이해해야 하나? 그는 예수님의 직제자가 아니라서 예수님의 맹세 금령을 못 들었다고 한다면 변명이 되겠나?

어쨌거나 맹세 금령 다음에 예수께서는 당신 제자들에게 참말만 하라고 당부하셨다. "여러분은 말을 할 때 '예' 할 것은 '예'라고만 하고, '아니오' 할 것은 '아니오'라고만 하시오. 여기에 더 보태는 것은 악한 자(=사탄)에게서 나오는 것입니다."(37절). 그러나 세상을 살다보면 참말만 하고 살 수 없는 게 우리네 인생이다. 서울성모병원에 입원한 노사제가 주치의에게, 앞으로 얼마나 더 살 수 있겠는지 솔직히 알려달라고 간청했다. 주치의가 노사제의 굳은 신심을 믿고, 석 달 가량 남았다고 했더니, 그만 노사제가 까무러치더라는 것이다. 서울성모병원에서 있었던 또 한 가지 일화다. 젊은 수녀가 무슨 병인지도 모르고 입원했는데, 동료 수녀들이 환자 수녀의 임종준비를 위해서 말기 암이라는 것을 알려주었다. 그 수녀가 숨을 거두기 전에 마지막으로 부탁한 사세구(辭世句)가 간절했다. "앞으로 저 같은 환자가 생기면 말기 암이라는 병명을 끝까지 밝히지 마세요, 암 덩어리가 몸속에서 나날이 자란다는 생각이 가장 괴로웠어요." 우리는 남에게 상처를 주지 않으려고, 사랑 때문에 해가 안 되는 거짓말을 하는 경우가 얼마나 많은가? 이 경우 진실의 가치보다 이웃사랑의 가치가 우선한다고 보겠다. 가치의 세계에도 서열이 있다!

다섯째 대립명제: 보복하지 말라 (마태 5,38-42=루카 6,29-30)

중동 아열대 지역에 사는 사람들은 다혈질이라 복수심이 강하다. 함무라비 법전(200조), 그리고 구약성경(탈출 21,24; 레위 24,20; 신명 19,2)에 '눈에는 눈으로, 이에는 이로'라고 언표한 동태복수법이 나온다. 쿠란에서도 복수를 당연시했다. 그러나 예수께서는 보복을 금하셨다. "악한 사람에게 맞서지 마시오. 오히려 누가 당신의 오른편 뺨을 때리거든 그에게 다른 편 뺨마저 돌려대시오. 당신을 재판에 걸어 당신의 속옷을 가지려는 사람에게 겉옷마저 내어주시오. 누가 당신에게 천 걸음을 가자고 강요하거든 그와 함께 이천 걸음을 가시오. 당신에게 청하는 사람에게는 주고, 당신에게 꾸려는 사람은 물리치지 마시오." 이 말씀 가운데서 "악한 사람에게 맞서지 마시오."라는 원론도 받아들이기 어렵거니와, 이어 나오는 구체적 지침 네 가지는 정말 수용하기 어렵다(졸저, 『마태오복음이야기』, 성서와 함께, 1999, 46-48쪽 참조). 여기에 나오는 구체적 지침 네 가지는 그야말로 예수님의 언어충격 요법이라 하겠다. 가장 큰 계명인 사랑의 이중계명 테두리 안에서 이 세부적 지침을 이해해야겠다. 우리시대에 다섯째 대립명제를 가장 잘 지킨 이는 간디라고 할 수 있다. 1948년 그를 추모하는 남경 대회에 장제스(蔣介石, 장개석)는 간디(중국어로 甘地)를 일컬어 '어질고 거룩하시다'(仁乃聖乃)라는 휘호를 써 보냈다고 한다.(뉴델리 간디 기념관 소장)

　　　　　❧ ❧ ❧

　　그리스도인은 예수께서 밝히고 이룩하신 하느님 나라 길을 택한 사람이다. 그리스도인은 예수님의 하느님 신심과 인간 연민을 금과옥조로 여기며 사는 사람이다. 나는 일찍이 증조부모님이 천주교 신앙을 받아들인 덕분에 태생 그리스도인이 되었다. 1935년 음력 10월 6일에 태어난 지 사흘 만에 공소 회장인 큰 할아버지로부터 바오로라는 이름으로 세례를 받았으니 나는 선택의 여지 없이 숙명적으로 그리스도인이 되었다. 나는 태생 그리스도인이 된 인연을 늘 고맙게 여기면서 살고 있다. 만일 내가 돈독한 불심을 지닌 가정에서 태어났다면 불자가 되었을 것이다. 인연이란 참 무서운 것이다. 2013년 2월 17일 인도 붓다가야, 석가여래가 법(다르마)을 크게 깨친 금강좌 위에 세운 대보리사(마하보리 대탑)를 순례했다. 대보리사 한쪽 구석에서 파리떼가 그렇게 달라붙는 데도 미동도 하지 않고 삼매(三昧)에 잠긴 미얀마 스님을 한 동안 바라보면서, 나는 전율했다. 자각의 길은 얼마나 어려운가? 믿음의 길이 훨씬 편한 코스지! 하는 느낌을 지울 수 없었다.

　　내 목에 숨이 다할 때 예수·간디·다석처럼 살다가 종생하고 싶다. 서기 30년 4월 7일 금요일 오후 골고타에서 예수는 "나의 하느님 나의 하느님"을 외치면서 이승을 떠났다. 간디는 1948년 1월 30일 힌두교 광신자의 흉탄을 맞고 쓰러지는 순간 "오, 하느님"을 찾으며 운명했다. 뉴델리 간디 화장터(라즈 가트) 검은 대리석판에 힌두어로 저 임종게(臨終偈) 한 마디가 새겨져 있다. 그런가 하면 한겨레의 성인 다석 유영모는 1981년 2월 23일 둘째 아들 내외와 둘째 손녀가 지켜보는 가운데 임종하면서 "아바디"('아'는 감탄사, '바'는 밝은 빛, '디'는 실천)를 찾았다. 나는 저 위대한 성현처럼 살고 죽는 것이 구원받는 길이라는 믿음으로 산다. 내가 예수님과의 인연을 잘 가꾼다면 참 그리스도인이 되겠지만, 그렇지 않으면 매주자(賣主子)가 되겠다. 염불보다는 잿밥에 정신이 빠진 땡초를 매불자(賣佛子)라고 하듯이. 그러나 내 목에 숨이 다 할 때 하느님께서 나를 보시고 "얘는 예수 닮았네"라고 하신다면 얼마나 좋을까? 구원이 따로 있나, 이게 구원이지! 부활이 따로 있나, 이게 부활이지!

끝으로, 역사의 예수와 신앙의 그리스도를 좀더 익히고 싶은 이들에게 책자 셋을 소개한다.

- 루돌프 슈낙켄부르크(Rudolf Schnackenburg, 1914~2002) 지음, 김병학 옮김, 『복음서의 예수 그리스도』, 분도, 2009.
- 요아킴 그닐카(Joachim Gnilka, 1928~) 지음, 정한교 옮김, 『나자렛 예수』, 분도, 2002.
- 정양모(1935~), 『나는 예수를 이렇게 본다』, 햇빛, 2012.

예수 그리스도의 하느님

서공석 신부

인류 역사가 있으면서부터 신(神)을 의미하는 단어(하느님, 하늘, 上帝, 道, 天地神明 등)는 인간과 더불어 살아 왔다. 이 단어가 우리 삶의 공간에서 흔적도 없이 사라지면 인간의 도덕성이 무너지고, 인간은 이기주의자(利己主義者)가 되고 말 것이다. 신을 의미하는 단어가 없어지면, 인간 각자의 자유는 기준도 제한도 없어진다. 어떤 패륜(悖倫)도 비난할 근거가 없을 것이다. 신이라는 단어를 우리가 만들었다고 생각하지만, 실제로는 신이라는 단어가 인간을 만들어 왔다고 말할 수 있다. 이 단어가 인간의 삶 안에서 사라지면 인간은 절대(絕對)라는 단어를 모르고, 일관성 있는 사고를 할 수 없게 된다. 인간은 직립(直立)하여 발명할 줄 아는 동물이 되고 말 것이다. 노벨 문학상을 받은, 구소련의 반체제 작가 솔제니친의 말을 빌리면 '인간은 두 발 가진 동물'이 되고 말 것이다.

모든 종교는 신에 대해 말한다. 신은 인간이 관찰하여 인식한 대상이 아니다. 종교의 창시자가 신에 대해 체험하였고, 그 체험이 공동체 안에 언어화되면서 그 공동체의 구성원이 그 언어를 매개로 신에 대한 체험을 하게 된다. 그 구성원이 하는 새로운 체험은 다시 언어화되어 다음 세대를 위한 신앙 전승(傳承)을 발생시킨다. 신앙은 그 언어의 전승에 들어가는 것이며, 신앙인은 그 전승으로 말미암은 새로운 체험과 새로운 실천을 하며 새로운 언어를 발생시키고 그 전승의 상속자가 된다.

유대교는 기원전 1250년 경 이집트 탈출이라는 일대 역사를 앞두고, 모세가 하느님에 대해 한 체험에서 기인(起因)한다. 모세는 하느님과 계약을 맺었다고 말한다. 그 계약의 핵심은 하느님은 인간과 함께 계시고 인간은 그 함께 계심을 존중하여 산다는 것이다. 탈출기의 "내가 너와 함께 있다."(3,12)는 말씀이나 그 후 하느님이 알려 주신 당신의 이름 '야훼'도 하느님이 이스라엘과 함께 계신다는 사실을 말한다. '계약'은 하느님이 함께 계셔서 발생하는 삶의 공간을 설정(設定)하는 행위이다. 이스라엘에게 요구되는 충실함이나 십계명으로 요약된 율법은 하느님이 함께 계시기에 사람이 살아야 하는 사회적, 윤리적 변화를 표현한다. 하느님이 함께 계시면, 사람의 실천이 어떻게 변하는지를 요약한 것이 십계명이다.

그 언어 전승에는 하느님이 당신의 백성과 함께 계신다. 이집트 탈출을 앞두고 하느님도 함께 가셔야 한다는 모세의 기도에 하느님은 "내가 친히 너를 데리고 가서 너를 편하게 하리라."(탈출 33,14 이하 공동번역)고 답하신다. 모세의 기도는 그것으로 끝나지 않는다. "당신의 존엄하신 모습을 보여 주십시오." 하고 청하자 하느님은 모세에게 "내 모든 선한 모습을 네 앞으로 지나가게 하며, 야훼라는 이름을 너에게 선포하리라. 나는 돌보고 싶은 자는 돌보아 주고, 가엾이 여기고 싶은 자는 가엾이 여긴다 … 그러나 내 얼굴만은 보지 못한다 … 내 얼굴은 보지 못하겠지만 내 뒷모습만은 볼 수 있으리라."(탈출 33,18-23). 하느님으로 말미암아 '돌보아 주고 가엾이 여기는' 실천을 하는 사람들 안에서 당신의 얼굴을 보라는 말씀이다. 하느님은 하느님으로 말미암아 변한 사람들의 삶 안에서 확인된다는 말씀이다.

40년이 걸린 이집트 탈출 사건 중에 모세를 통해서 일어난 갖가지 기적은 하느님이 그들과 함께 계신다는 사실과 그분은 과연 '돌보아 주고 가엾이 여기는' 분이라는 사실을 사람들이 알게 해 주었다. 이집트 탈출 사건은 함께 계시는 하느님이 얼마나 놀라운 분인가를 말하기 위해 구약성서 안에 여러 번 각색되고 과장되어 기록되었다. 그런 언어들 속에서 우리가 이해할 것은 하느님이 함께 계시면, 불가능한 일을 가능하게 하신다는 사실이다.

　이스라엘에게 율법과 제사가 있는 것은 함께 계시는 하느님을 사람들이 상기(想起)하게 하는 일이었다. 이스라엘이 하느님을 우리의 왕, 우리의 아버지로 표현한 것은 하느님이 함께 계시는 양식을 말하기 위해서이다. 하느님이 함께 계시면, 사람이 하느님을 중심으로 생각하고 자기의 삶을 바꾼다. 그러나 인류역사 안에 사람들이 흔히 생각한 것은 자기들의 염원대로 하느님을 변하게 하는 것이다. 사람들은 율법과 제사를 이용하여 자기의 소원을 성취하려 하였다. 따라서 율법과 제사의 상징성(象徵性)은 상실되고, 하느님은 율법과 제사 의례 뒤에 은폐되고 만다.

　이스라엘 안에 맏아들, 혹은 인간 생산품의 만물을 봉헌하는 의례(儀禮)가 생긴 것도, 하느님에게 그런 것들이 필요해서가 아니다. 그 봉헌은 사람이 이제부터 하느님의 시선으로 자기의 자녀와 자기 생산품을 보겠다는 상징적 행위이다. 그것은 함께 계시는 하느님을 의식하며 그분과 함께 사는 길이다. 그것이 자식이든, 노동의 산물이든, 사람이 자기를 중심으로 이해(利害)를 생각하지 않고, 하느님의 시선에서 그 사물이 지니는 의미를 알아보고, 그 시선 안에서 그 사물을 대하고 처리하겠다는 것이다. 그 의례는 뒤에 예수의 성찬에서 더 의미심장하게 표현될 것이다. 성찬은 새로운 계약이라 불린다.

　그리스도 신앙은 유대교를 모태(母胎)로 하고, 예수 그리스도로 말미암아 발생한 삶의 운동이다. 예수는 '하느님의 나라'를 선포하였다. 이 '하느님의 나라'는 하느님이 함께 계신 사실을 의식하고, 그 함께 계심을 실천하는 삶의 공간이다. 예수는 하느님이 어떤 분인지를 말하기에 앞서, 우리 삶의 변화를 요구한다. 예수는 우리의 실천과 관계없는 하느님에 대한 말은 하나의 공리공론(空理空論)에 불과하다고 믿었다. "여러분은 먼저 하느님의 나라와 그분의 의로움을 찾으시오."(마태 6,33 이하 200주년). "누구든지 나더러 '주님, 주님' 하는 사람마다 하늘나라에 들어가는 것이 아니고 하늘에 계신 내 아버지의 뜻을 행하는 사람이라야 들어갈 것입니다."(마태 7,21). "누구든지 나의 이 말을 듣고 그대로 행하는 사람은 반석 위에 집을 짓는 슬기로운 사람과 같을 것입니다."(마태 7,24). 이런 말씀들은 실천이 곧 믿음이며 진리라는 사실을 말한다. 하느님은 우리의 실천 안에서 체험되고, 실천과 더불어 언어화되어야 하는 분이다.

1. 하느님은 계신다

예수에게 하느님이라는 단어는 하나의 이름이고 하나의 실재(實在)를 의미한다. 그러나 우리가 이 단어를 사용할 때, 매번 하느님의 실재를 의미하지는 않는다. 우리는 이 단어와 함께 살면서 우리의 고뇌를 이 단어에 담았고 또 이 단어를 더럽혔다. 종교 분쟁에서 사람들은 이 단어를 찢었고, 이 단어를 위해 서로 죽이고 죽어 갔다.

"인간 언어 중에 이 단어만큼 남용되고 더럽혀지고 폭행을 당한 단어가 또 있는가? 이 단어는 인간의 언어 안에서 가장 무거운 짐을 지고 있는 단어다. 어떤 단어도 그만큼 더럽혀지고 찢어진 것은 없다. 바로 이것 때문에 나는 이 단어를 포기할 수 없다. 사람들은 세세대대(世世代代)로 그들 생활의 고뇌에서 오는 모든 짐을 이 단어에다 지워 놓고, 이 단어를 땅바닥에 던지고 짓이겨버렸다. 이제 이 단어는 진흙 속에 누워서 모든 사람의 짐을 지고 있다. 지극히 높으신 분을 가리키기 위해 어디서 이런 단어를 얻을 수 있겠나?"(Martin Buber, 1878~1965, 오스트리아 빈의 유대인 종교철학자).

하느님이라는 단어가 실재를 말하기 위해서는 그 상징성을 살려야 한다. 하느님의 실재는 인간의 삶을 움직인다. '하늘을 우러러'라고 우리가 말할 때 그것이 거짓말이 아니기 위해서는 우리의 자세가 변해야 한다. 우리 삶의 변화가 없는 곳에 하느님은 계시지 않는다. 따라서 하느님으로 말미암아 우리의 삶이 움직일 때, 이 단어는 의미를 지닌다. 예수가 말하는 하느님의 나라는 하느님으로 말미암아 우리가 변하는 삶의 공간이다. 모세가 하느님과 맺었다는 '계약'은 우리가 하느님을 부르며 우리의 삶이 변하는 공간을 마련했다는 것이다.

인간의 실재(實在)는 관례와 합리성으로만 접근하면 사라진다. 인간의 실재는 사랑과 헌신(獻身)으로만 발견된다. 예수에게 하느님의 실재는 인간의 실재와 같다. 하느님의 이름이 의미를 지니게 하려면, 하느님의 일을 착각하지 말아야 한다. 하느님은 우리 마음대로 상상하는 가상적(假想的) 방식으로 접근할 수 없는 실재이다. 즉 우리의 염원과 욕구를 충족시켜 주는 분으로 하느님을 생각할 수 없다. "주인을 기다리는 종과 같이 깨어 있어라."(루카 12,35-38)는 복음의 주제는 우리가 무엇을 중심으로 우리의 자유 행사를 해야 하는지를 말해 준다. 하느님이라는 이름에 상응하는 실재가 있다면, 우리의 필요, 우리의 기대, 우리의 부족에 응답하는 신적(神的) 실재는 아니다. 그것은 19세기 무신론자들이 오해하여 상상하고 공격한 하느님이다. 그들은 가난한 이가 풍요로운 하느님을, 힘에 굶주린 사람이 전능하신 하느님을, 사랑에 굶주린 이가 사랑이신 하느님을 가상한다고 말하였다. 그들에게 하느님은 하나의 소외(疎外) 개념이었다. 인간을 인간답게 살지 못하게 하는 개념이라는 말이다.

하느님은 우리가 조작(操作)할 수 없는 분이다. 하느님은 우리가 기대하지 않은 곳에 나타나고, 우리가 듣기를 원했던 것과 다른 것을 말씀하신다. 그래서 하느님은 전혀 다른 분이라고 말한다. 전혀 듣지 못하는 사람들이 있다. 우월감에 젖었거나 미성숙하여 자기밖에 생각하지 못하는 사람들은 사람의 말도 듣지 못하고, 하느님의 일에도 아무런 감수성을 가지지 못한다.

그리스도 신앙 언어가 하느님을 아버지라 부르는 것은 그분을 우리가 마음대로 조작하지 못한다는 뜻이다. 예수는 하느님을 아버지라 불렀다. 아버지는 자녀들에게 법이다. 아버지는 자녀들의 뜻과 다른 뜻을 가졌다. "아빠 아버지 … 제가 원하는 대로 하지 마시고 아버지께서 원하시는 대로 하소서"(마르 14,36)라는 것이 예수가 자기의 생존이 위협받는 순간에 아버지께 한 기도이다. 하느님을 아버지라 부르는 것은 우리를 위해 그분을 변하게 하는 것이 아니라, 그분에 준해서 우리가 변해야 함을 선언하는 것이다.

아버지라는 단어를 가상(假想)적으로만 이해할 수도 있다. 프로이트(S. Freud)를 비롯한 현대 심리학자들이 보여주듯이, 아버지라는 표상을 가상적으로 이해할 수 있다. 아들을 보호해 주고 아들의 원의를 이루어 주는 아버지이다. 이런 경우, 아버지의 실재는 인간에게 불행이다. 아들을 성숙하지 못하게 하는 아버지이다. 아들이 성숙하려면 그런 아버지를 극복해야 한다. 사람들이 흔히 상상하는 하느님은 우리가 가상하는 존재이고 우리가 극복해야 하는 대상이다.

유대교는 그런 위험을 피하기 위해 노력하였다. 유대교가 하느님을 아버지라고 부를 때는 항상 계약과 이집트 탈출이라는 역사적 근거를 바탕으로 하고 있다. "내 아들 이스라엘이 어렸을 때, 너무 사랑스러워, 나는 이집트에서 불러내었다 … 걸음마를 가르쳐 주고 팔에 안아 키워 주었다." (호세 11,1-3 공동번역). 이렇게 해서 하느님의 실재를 가상적으로 이해하지 않도록 한다. 하느님이 하신 일이 하느님이 어떤 분인지를 말한다. 하느님은 '나 너와 함께 있다'는 말씀으로 이스라엘과 계약을 맺으셨다. 하느님은 우리의 현실 밖에서 찾을 것이 아니라 역사 안에서 만나야 한다. 아버지의 일을 지속시키는 우리의 실천 안에 하느님은 살아 계신다. 예수의 말씀과 행위는 함께 계시는 하느님을 중심으로 인간이 어떻게 변하는 지를 보여 주었다. 인간이 움직이고 변하는 곳에 하느님은 '하느님 나라'의 형태로 계신다. 예수는 베짜다 못에서 병자를 고친 다음, "아직까지 내 아버지께서 일하고 계시며 나도 일하고 있다."(요한 5,17 200주년)고 말씀하신다.

2. 하느님은 하느님의 나라로 계신다

예수에게 하느님은 우리의 근본이지 우리가 하느님의 근본이 아니다. 무신론(無神論)은 인간을 근거로 하느님을 말하려 한다. 성서의 세계는 하느님을 전제로 하고 있다. 그 시대에는 현대와 같이 인간 본위로 사고하지 않았다. 그 시대 사람들이 문제 삼는 것은 하느님을 어떻게 이해하느냐는 문제였다. 그러나 하느님의 존재는 그들에게 의심의 여지가 없었다. 예언자들과 마찬가지로 예수는 오늘 우리가 아는 무신론을 모른다. 예수가 아는 무신론자는 시편[1]이 말하는 어리석은 자들 정도이다. 그들은 "하느님이 어디 있느냐?"고 말한다. 시편이 지적하는 것은 하느님이 역사 안에 지나치게 신중하시고, 역사 안에 개입하고 행동하시지 않는다는 것이다.

무신론은 우리가 답해야 할 문제이다. 성서는 무신론에 대해 말하지 않는다. 성서는 하느님의 존재 근거를 제공하지도 않는다. 성서가 말하는 것은 우리 실존(實存)의 근본을 제공하는 하느님이다. 창세기의 창조설화

(說話)는 하느님 없이 우리의 존재가 설명되지 않는다고 말한다. 탈출기가 알리는 것은 하느님이 이스라엘과 함께 계시기에 해방된 자유로운 삶이 있다는 사실이다. 예수의 죽음과 부활은 하느님을 근거로 인간이 이 세상에서 자유롭게 살면, 그 결말이 어떤 지경에까지 가는지, 그리고 하느님은 죽음을 넘어서도 베풀고 살리시는 분이라는 사실을 말한다. 결국 성서가 전하는 설화들, 역사들과 메시지는 하느님이 우리 실존의 근본이라고 말한다.[2]

예수에게 중요한 것은 하느님의 존재 여부가 아니라, 하느님이라는 단어가 우리의 삶 안에 지니는 의미이다. 예수가 가르친 것은 하느님과 인간이 함께 하는 일이다. 하느님은 인간 가운데 계신다. "만일 당신이 하느님의 베푸심을 안다면 당신이 나에게 생수를 청할 것이다."(요한 4,10 참조) 사마리아 여인에게 예수가 한 말씀이다. 하느님은 베푸심이다. 그 베푸심을 사람이 살아야 한다. 예수는 그 베푸심을 당신의 삶으로 몸소 실천하셨다. 하느님은 사람들을 식사에 초대하는 사람과 같고(루카 14,16-24), 보수를 많이 주는 선한 포도원 주인과 같으며(마태 20,1-16), 종들에게 자기 재산을 맡기는 사람과 같다(마태 25,14-30). 하느님은 잃어버린 양을 찾아 헤매는 목자와 같고, 잃어버린 은전을 찾는 여인과 같고, 집 나간 아들을 기다리는 아버지와 같다(루카 15장). 하느님은 그렇게 사람들과 함께 계시는 분이다.

그러나 또 한편 사람들이 피동적이 되지 말아야 한다고 예수는 말씀한다. 사람이 하느님의 나라를 찾아야 한다.[3] 좁은 문으로 들어가도록 힘써야 한다.[4] 사람은 받은 것을 값지게 만들어야 하고(마태 25,14-30) 주인이 돌아올 것을 기다리고 있는 종(루카 12,41-46)과 같이 하느님을 기다려야 한다. 사람은 혼인 잔치에 들어갈 것을 기다리는 처녀들과 같다(마태 25,1-13). 슬기로운 처녀들(마태 25,4)은 말씀을 듣고 실천하여 "반석 위에 집을 짓는 슬기로운 사람"(마태 7,24)들이다. 베푸시는 하느님에 준해서 인간이 변해야 한다. 그래서 사람이 변해야 하는 공간으로 예수는 하느님의 나라를 말씀하신다.

현대인에게 악(惡)의 문제는 신을 거부하는 모든 사고의 공통점이다. 죄 없는 어린아이가 고통당하고 죽어가는 세상에 어떻게 하느님이 있을 수 있느냐는 논리이다.[5] 복음서가 악에 대해서 말할 때는 예수의 실천이 무엇인지를 말하기 위해서다. 예수는 악을 거슬러 일한 분이다. 복음서는 악을 설명하려 들지 않는다. 악에 대해 설명하는 것은 우리 합리성의 노예가 되는 것이다. 율법주의자들은 인과응보(因果應報)라는 합리성으로 악을 설명하였다. 그러나 악은 인과응보의 장(場)에 있지 않다.(루카 13,1-5; 요한 9 참조). 악은 그것을 퇴치하는 우리의 실천을 요구한다. 악은 사람이 거슬러 싸워야 하는 대상이다. 그것을 진지하게 거슬러 싸우는 사람이 그리스도 신앙인이다. 병 고침과 죄의 용서 같은 예수의 예언자적 행위는 악을 거스르는 행위이다. 악은 설명되지 않고 우리가 말살할 수도 없다. 악은 우리가 저항해야 하는 대상이다. 장애아가 태어나면 부모는 그 장애의 원인을 찾고만 있을 것이 아니라, 그 아이가 장애를 극복하고 살 수 있게 도와야 한다.

예수의 예언자적 행위가 있고, 악이 인류 역사 안에 발생시키는 일들이 있다. 악을 거스르는 예수의 행위 안에는 은혜로움이 보이고, 악이 발생시키는 행위 안에는 그것이 보이지 않는다. 예수는 그 은혜로움의 선상에 하느님을 본다. "나를 보내신 이는 나와 함께 계시며 나를 홀로 버려두시지 않습니다. 그것은 내가 그분의 마음에 드는 일을 항상 행하기 때문입니다."(요한 8,29 이하 200주년) 그와 반대로 예수는 악이 발생시키는 행위들의 배경에 악마의 모습을 본다. "당신들은 당신들의 아비인 악마에게서 났으니 그 아비 욕망대로 행하려고 합니다. 그는 처음부터 살인자였으며 진리 안에 서 있지 않았습니다. 그 속에 진리가 없기 때문입니다."(요한 8,44). 예수는 하느님과 악마가 같은 수준에 있다고 생각하지 않는다. 예수에게 이원론(二元論)은 없다. 하느님으로 말미암은 행위와 악이 발생시키는 행위 사이의 차이는 은혜로움의 유무(有無)이다. 하느님을 위해 선택해야 한다. '나' 라는 존재가 있는 것도 무상(無償)으로 베풀어진 은혜로움이 있었기 때문이다.

악의 일부는 그 은혜로움에 대한 거부에서 온다. 예수는 그것을 죄라고 부른다. "내가 와서 그들에게 말하지 않았던들 그들에게 죄가 없었을 것입니다."(요한 15,22). 예수가 없었으면, 하느님이 은혜로우심인 줄을 몰랐을 것이다. 그랬으면, 인간의 자유가 범하는 악은 죄로 인식되지 않았을 것이라는 말이다. 죄 없는 아이들의 죽음이나 장애, 그리고 천재지변(天災地變)은 설명되지 않는다. 설명되지 않을 뿐 아니라, 그 자체로는 무의미하다. 예수는 악의 존재 이유를 제시하지 않았다. 심판의 날과 시(時)를 알지 못하는 예수는 악의 최종적 의미도 모른다. 예수가 가진 확신은 하느님으로 악을 설명하지 말아야 한다는 것이다. 하느님 안에는 악이 발생하지 않는다. 하느님은 선하신 분,[6] 베푸시는 아버지이시다.[7] 베푸심이 악의 근거가 될 수는 없다.

악이 있음에도 불구하고 하느님을 믿어야 한다. 하느님을 악의 영역에서 찾을 것이 아니라, 악을 거슬러 인간이 하는 투쟁의 영역에서 찾아야 한다. 그것은 결국 예수가 예언자로서 한 행위의 영역이다. 예수는 철학자도 아니고, 하느님에 대해 이론적으로 그 존재를 증명하려 하지도 않았다. 예수는 이 세상의 관례를 따라 살지도 않았다. 사람들의 전통이나 관례가 그분의 실천을 결정하는 기준이 아니었다. '인과응보'는 우리의 관레이고 또 우리의 염원이다. 예수는 하느님을 아버지로 부르면서 살았다. 예수가 하느님을 아버지라 부를 때, 예수는 이 세상과 대조적인 하느님을 생각한다. 은혜로움을 산 예수의 생애는 아버지에 대한 깊은 확신이 지배하고 있다.

예수에게 하느님은 하나의 실천을 발생시키는 분이다. 베푸시는 하느님 없이 예수의 삶에 보이는 실천은 설명되지 않는다. 하느님은 예수가 당신 안에 또 당신 주변에 일으키는 가능성의 원천이시다. 하느님은 설명의 대상이 아니다. 하느님은 인간의 삶에 작용하여 새로운 실천을 발생시키는 분이다. 예수는 인간이 자기 삶의 여백(餘白)으로 밀어낸 베풂을 인간 삶의 본문(本文) 안으로 들어오게 하였다(루카 19,1-10 참조). 예수는 율법과 성전 안으로 주거(住居)가 제한된 하느님을 인간 삶의 현장으로 옮겨왔다. 예수는 우리 삶의 여백으로 밀려난 말씀을 강생시켜 하느님 자녀의 삶이 발생하게 하였다.

3. 하느님은 일하신다

오늘날 하느님이 필요하지 않다는 말에 사람들은 쉽게 공감한다. 하느님이 계시지 않는 듯이 사는 현대인이다. 과학은 하느님을 필요로 하지 않는다. 하느님이라는 단어로 말미암아 일어나는 우리 삶의 변화는 과학의 대상이 아니다.

예수에게 하느님은 불필요한 분이 전혀 아니었다. 오히려 하느님은 필요불가결한 존재이며, 가까이 계시고, 행동하시는 분이다. 복음이 말하는 하느님은 실효성(實效性)을 지녔다. 복음 안에 하느님의 실효성은 병 고침과 용서 등 생명을 위한 징표들에서 볼 수 있다. "그분은 죽은 이들의 하느님이 아니라 살아 있는 이들의 하느님이십니다. 사실 모두 하느님으로 말미암아 삽니다."(루카 20,38). 예수의 예언자적 행위는 해방, 베푸심, 용서 등으로 표현되는 하느님의 행위이다. 이 행위들은 때에 따라 상대하는 사람에 따라 달리 나타난다. 소외(疏外) 계층과는 예수가 몸소 어울렸다. 병고에 시달리는 사람을 예수는 고쳤다. 죄인으로 단죄된 사람에게 예수는 죄의 용서를 선포하였다. 하느님의 실효성은 우리 자유에 주어진 하나의 말씀이다. 말씀이 우리 안에 들어오면 우리의 삶이 변하고 우리 주변에 은혜로운 이야기가 발생한다.

하느님의 실효성은 상징적이다. 그 기준은 수익성(收益性)이 아니다. 인간적 성공과 관련지어 생각할 수도 없다. 하느님의 실효성은 베풂과 은혜로움의 성격을 지닌다. 베풂과 은혜로운 이야기가 발생하는 곳에 하느님은 일하고 계신다. 하느님의 베푸심은 인간의 행위로 나타난다. 하느님의 일하심을 인간 행위의 결과와 연결시켜 생각할 수 없다. 하느님은 인간의 성공 안에만 계시지 않고, 실패 안에도 살아 계신다. 십자가는 실패를 의미한다. 하느님의 일하심은 시작과 부르심에 있다. 하느님이 하시는 시작은 우리의 실천과 대립되지 않고, 우리의 주도권을 내포하고, 우리의 자유에 호소한다. 하느님은 우리를 압도하는 양식으로 일하시지 않는다. 우리가 하지 않은 것만, 하느님이 하신 것으로 보지 말아야 한다.

하느님은 가능성을 주시는 분이다. 하느님은 인간을 신뢰하고 용서하고 미래를 주신다. 우리는 사람의 미래를 닫는다. 사람은 사람을 죄인으로 낙인찍고, 미래가 없다고 말하지만, 하느님은 용서하고 새로운 미래를 주신다(루카 7,36-50; 요한 8,1-11 참조). 예수가 베드로에게 약속하신 '하늘나라의 열쇠'(마태 16,19)를 우리는 하늘나라를 닫는 자물쇠로 생각하지만, 사실은

'율사와 바리사이들이 사람들 앞에서 닫아버린 하늘나라'(마태 23,13)를 열기 위한 것이다.

그리스도 신앙의 역사 안에서도, 하느님이 하시는 용서가 왜곡 해석된 경우를 본다. 하느님이 용서하신다는 사실을 선포하여 불쌍히 여기시는 하느님의 자비 안으로 흘러들게 하기 위해 만들어진 고해성사였지만,[8] 지금은 하느님의 용서를 받기 위해 반드시 거쳐야 하는 관문처럼 되었다. 그것을 통하지 않으면 하느님이 용서하시지 않는 것으로 인식되고 있다. 죄를 용서 받기 위해서는 고해성사라는 자존심 상하는 절차를 밟고, 고해 신부가 정해 준 보속, 곧 자기 죄에 비례한 대가(代價)를 치러야 하는 것 같이 해석되었다. 이 세상의 인과응보 질서 안에 있는 인간이 하느님이 하시는 용서에 최소한의 인과응보 굴레를 씌운 것이다. 하느님의 자비와 용서는 새로운 미래를 약속하지만, 우리는 하느님의 자비보다 인과응보라는 우리의 원칙을 더 신뢰한 것이다. 예수가 살아계실 때, 하느님이 자비로우시다는 사실을 거부하고 반발한 사람들은 유대교의 실세(實勢)들이었다.

하느님은 우리가 묶여 있는 유혈이 낭자한 사슬에서 또 세상의 금빛으로 물든 사슬에서 우리를 해방시키신다. 하느님은 우리의 습성과 고정관념을 바꾸어 놓고, 우상을 상대화시키면서 우리의 자폐적(自閉的) 안전을 비판하신다. 하느님은 우리를 가상(假想)의 세계에서 나오게 하신다. 하느님은 베푸시는 분이다. 따라서 하느님은 우리가 결코 소유할 수 없는 분이다. 베푸심의 결과인 최소(最小)가 베푸심의 원천인 최대(最大)를 소유하지 못한다. 하느님은 가난하고 겸손한 분이시다. 우리는 자족(自足)하고 자만하려 하지만, 하느님은 자족하지도, 자만하지도 않으신다. 우리는 하느님 앞에 공로를 쌓고, 그분이 보상하실 것이라 단정하지만, 하느님은 우리가 예기치 못하는 전혀 다른 분이시다. 그 하느님은 십자가의 절망을 넘어서도 베푸시는 부활의 하느님이시다. 살과 피의 경계를 넘어 살리는 분이시다. 인간적인 것은 아무 것도 그분의 근거가 될 수 없다.

4. 하느님은 인간과 다르시다

예수가 가르쳐준 주기도문에 '아버지의 이름이 거룩히 빛나시며' 라는 말이 있다. 이 말 안에는 하느님에 대한 예수의 생각이 들어 있다. 예수에게 하느님은 하나의 단어만이 아니다. 하느님이라는 단어는 하나의 실재(實在)를 지칭하는 이름이다. 그 실재는 일하신다. 예수는 하느님이 당신의 이름을 우리 가운데 거룩히 나타낼 것을 청한다. 그런데 그 이름은 거룩하다. 성서가 거룩함이라는 단어에 부여하는 의미는 우리와 다른 분이라는 뜻이다.

하느님이 우리와 다르시다는 것을 우리는 흔히 윤리적 영역에 국한시켜 이해한다. 하느님은 거룩하시고 우리는 죄인이라는 것이다. 그러면 죄가 하느님에 대한 우리 체험의 유일한 장소가 될 것이다. 하느님과 우리 사이의 차이는 기쁜 소식이다. 하느님은 베푸시고 그것은 우리 기쁨의 원천이다. 그리스도 신앙인은 그 사실을 깨달은 사람이다. 루카복음서(17,11-19)는 예수가 나병환자 열 사람을 고친 이야기를 한다. "그들 가운데 한 사람은 병이 나은 것을 보고 큰 소리로 하느님을 찬양하며 돌아와, 예수님의 발 앞에 엎드려 감사를 드렸다." 예수님의 말씀이다. "일어나 가거라. 네 믿음이 너를 구원하였다." 나병에서 치유라는 큰 기쁨을 체험한 사람 중 단 한 사람이 그것이 하느님이 베푸신 일이라는 사실을 깨달았다는 말이다. 큰 소리로 하느님을 찬양하는 것, 엎드려 말씀을 드리는 것 등은 모두 경신(敬神) 행위이다. 열 사람이 베풂을 받았지만, 그것을 하느님이 하신 은혜로움이라 깨닫고, 신앙인이 된 사람은 한 사람뿐이라는 말씀이다.

예수가 남긴 성찬을 우리는 그리스어에서 '감사(Eucharistia)'를 의미하는 단어로 부른다. 성찬은 하느님이 베푸셨다는 사실을 상기시키는 '새로운 계약'이다. 그것이 새로운 계약인 것은 하느님이 베푸셔서 열린 공간에 우리를 참여시키기 때문이다. 성찬은 우리를 '내어주는 몸, 쏟는 피'에 참여시켜서 하느님 자녀의 삶을 살게 하는 상징이다.

하느님을 거룩하신 분, 곧 우리와 다른 분이라고 말하는 것은 그분은 우리가 상상하고 추측하는 것과 다르시다는 의미이다. 그분을 우리의 질서와 우리의 관례 안에 유폐시키지 말아야 한다. 그래서 우리는 아버지의 뜻이 이루어질 것을 빈다. 하느님은 우리 모든 사람의 하느님이시다. 그분을 우리가 속하는 집단, 곧 교회 안에만 계시는 분으로 생각하기 쉽다. 하느님을 하나의 종교 질서 안에 유폐시키는 우를 범하지 말아야 한다.

하느님을 아버지[9]라고 부르는 것은 내 생명을 그분에게서 받았다는 것을 인정하는 것이고, 그분의 말씀과 그 말씀으로 말미암은 질서를 기준으로 살겠다는 것이다. 자녀는 부모의 뜻을 따른다. 그리고 다른 형제들과 부모의 사랑을 공유(共有)한다. 형제를 미워하는 효자는 없다. 따라서 나는 다른 사람들과 함께 사는 인간임을 받아들이면서 하느님을 아버지라 부를 수 있다. 하느님을 아버지로 참답게 인정하는 것은 타인을 받아들이고, 타인의 연약함과 결핍 앞에 자기가 할 일이 있다는 사실을 의식하는 데에 있다. 그것이 그리스도인에게 요구되는 섬김이며 그것이 하느님을 사랑하고 이웃을 사랑하는 실천이다.

예수를 기초로 아버지이신 하느님을 생각해야 한다. 예수가 아버지를 부를 때, 그분은 형제들을 자유롭게 만들고 스스로는 죽음으로 나갔다.[10]

그 죽음은 버려졌다는 체험을 하게 하였다. 예수는 아버지를 불렀지만 아버지는 인간 조건이 지닌 법을 깨고 아들을 보호하지 않으셨다. 예수에게도 하느님은 숨어 계셨다. 예수는 많은 사람들 가운데 하나였다. 그 사실을 받아들이면서 예수는 많은 형제들 가운데 첫째가 되었다.

아버지라는 호칭은 하느님이 악(惡)과는 아무 관계가 없음을 말한다. "여러분 가운데 어느 누가 아비 된 자로서, 아들이 생선을 청하는데 생선 대신 그에게 뱀을 주겠습니까?"(루카 11,11 이하 200주년). 아버지는 아들이 자라는 것을 돕는다. 아버지의 베풂은 아들도 베푸는 삶을 살게 하여 아버지의 자녀가 되게 한다. 따라서 아버지와 함께 있는 것은 살아 있는 것이다. 유산을 받아 아버지를 버리고 멀리 떠나간 아들이 그 재물을 탕진하고 탕자가 되어 아버지에게 돌아왔을 때 그 아들을 영입한 아버지가 하는 말이다. "나의 이 아들은 죽었다가 다시 살아났다."(루카 15,24). 아버지와 함께 있는 것이 살아 있는 것이다.

5. 하느님은 성령이시다

예수가 말씀하신 하느님은 또한 영(靈)이시다. "바람(pneuma)은 불고 싶은 곳으로 붑니다. 그리고 당신은 그 소리는 듣지만 어디서 와서 어디로 가는지를 모릅니다. 영으로 난 이는 모두 이와 같습니다."(요한 3,8 200주년) 숨결은 하느님의 일하심을 나타내는 구체적 형상(形象)이다. 예수는 하느님의 은혜로우심에 인간이 참여하는 것을 성령이 하시는 일이라고 말한다.

성령은 하느님의 힘이다. "성령께서 너희에게 내리시면 너희는 힘을 받아, 예루살렘과 온 유다와 사마리아, 그리고 땅 끝에 이르기까지 나의 증인이 될 것이다."(사도 1,8). 모든 시작은 성령이 하시는 일이다. 성령은 혼돈의 무력함을 깨고 모든 것을 존재하게 하셨다(창세 1,2). 성령은 또한 예수의 역사와 교회를 시작하신 분이다. 예수의 잉태(루카 1,35), 예수의 설교(루카 4,14), 예수의 부활(1디모 3,16;로마 1,4), 교회의 시작(사도 2,32) 등이 모두 성령이 하신 일이다. 성령은 모든 시작의 원천이다. 우리의 희망도 성령이 주시는 것이다. "우리는 영으로 말미암아 신앙을 바탕으로 하여 의로움의 희망을 기다리고 있기 때문이다."(갈라 5,5 200주년). 성령은 새로운 미래를 베푸는 힘이고 숨결이시다.

모든 시작에는 결별과 버림이 있고, 아직 없는 것을 향한 도약이 있다. 기원(起源)은 우리의 정체성(正體性)을 확인하는 장소가 아니다. 졸업장, 자격증, 면허증 등 기원과 멀어지면서 인간은 자기를 발견하고 그것들이 열어주는 삶을 실현한다. 아브라함은 기원의 땅을 버리고 떠나서 약속의 땅을 볼 수 있었다(창세 12,1-4). 낙원은 커룹들과 불칼로 막혔다(창세 3,24). 우리는 낙원에 돌아가지 못한다. 성령은 기원의 가상적 나라에서 우리를 나오게 하여, 미래의 길로 들어서게 하는 하느님의 힘이다. 성령은 인간의 욕구를 충족시켜주는 분이 아니다. 성령은 인간 자유의 원천이시며 창조적 힘이다. 성령이 주어졌다는 그 기원의 사실에서 그리스도인의 정체성을 확인하려 하지 말아야 한다. 주어진 성령을 원천으로 우리의 삶 안에 베풂과 나눔, 곧 섬김의 이야기가 발생할 때 비로소 우리의 정체성이 확인된다. 마태오복음서(25장)에 나오는 탈렌트의 비유(14-30절)에서, 다섯 탈렌트와 두 탈렌트를 받은 종들은 각각 "가서 그것을 활용하여 … 더 벌었다." 그러나 주인으로부터 받은 것마저 빼앗기는 쓸모없는 종은 "땅을 파고 자기 주인의 은전을 숨겼다." 그는 기원에 머물고 말았다는 말이다. 성령이 우리 안에서 '활용되어' 우리 방식의 새로운 베풂과 나눔, 곧 섬김을 발생시킬 때만, 성령으로 말미암은 우리의 정체성이 긍정된다.

성령은 기억이다. "협조자, 곧 아버지께서 내 이름으로 보내 주실 성령께서 모든 것을 여러분에게 알려 주실 것이고 내가 여러분에게 말한 모든 것을 생각나게 해 주실 것입니다."(요한 14,26 200주년) 성령은 예수의 역사적 실재를 상기시킨다. 예수에 대한 기억을 외면하고서는 하느님을 아버지로 부르지 못한다. 예수는 하느님 아버지를 자기의 법으로 받아들이며 자기의 욕구가 지닌 논리를 그분에게 강요하지 않았다. 예수는 아버지의 뜻이 이루어질 것을 빌면서 자기의 한계와 죽음을 받아들였다. 예수를 상기시키는 성령은 예수를 기준으로 하느님을 아버지로 받아들이게 하고, 신앙인이 처한 현실에서 아버지의 자녀 됨을 살게 하신다.

성령은 하느님의 나라라는 장(場)의 숨결이고 흐름이다. "하늘에 계신 아버지께서는 당신에게 청하는 사람에게 얼마나 후하게 성령을 주시겠습니까?"(루카 11,13 200주년). 신앙인이 하느님을 부르고, 그 장에서 산다는 것은 형제들을 인정하고 베푸시는 하느님의 양식으로 행동하는 것이다. 자기를 중심으로 한 행복과는 전혀 다른 행복의 약속을 사는 것이다. 자기를 중심으로 한 행복의 추구, 곧 다다익선(多多益善)과 입신양명(立身揚名)에 삶의 의미를 두는 것은 하느님이 계시지 않는 듯이 살겠다는 것이다. 그것은 인간이 끊임없이 빠지는 유혹이다. "제 목숨을 구하려는 사람은 목숨을 잃을 것이요, 나 때문에 또한 복음 때문에 제 목숨을 잃는 사람은 목숨을 구할 것입니다."(마르 8,35 200주년). 하느님을 아버지로 인정하게 하는 같은 행위로써, 성령은 다른 사람들을 형제로 볼 수 있게 해 준다. 성령은 법이 절대화되지 않게 한다. 법을 대화적이고 사회적이게 만든다. 예수의 역사는 이 형제됨을 설정하는 말씀으로 우리 앞에 펼쳐져 있다. 이 장에서는 자기 스스로를 주지 않으면, 자기를 얻을 수도 하느님을 알 수도 없다.

사도행전이 알려주는 성령강림 장면(2,1-13)의 묘사는 사실 보도가 아니라 신학적 작품이다. '세찬 바람이 부는 듯한 소리'와 '불'은 시나이 산에 야훼가 내려오신 장면의 묘사(출애 20,16-18)에서 가져 온 것이다. '불같은 혀들'[11]은 이제부터 일어나는 교회의 복음 선포가 사람들에 의해서 되는 일이 아니라, 하느님 안에 기원을 둔 말씀의 사건이라는 것이다. 사실 초기교회의 복음은 여러 가지 불가능을 넘어서 불길 같이 전파되었다. '말씀의 사건'은 사람의 말을 하느님이 자기에게 하시는 말씀으로 알아듣고, 그 말씀을 실천하여 자기 삶에 변화를 일으키는 현상을 말한다.

성령이 내려오시자 사도들은 각자 자기의 언어로 말을 하고, 모여든 군중은 각자 자기네 지방 언어로 알아듣는다. 그것은 복음이 민족과 문화의 차이를 넘어서 선포된다는 말이다. 한 인간 예수 안에서 발생한 복음이지만 이제부터는 한 인간이 지닌 문화적 제한을 넘어서 모든 민족을 향해 복음이 전파된다는 것이다. 예수 그리스도의 복음은 이제부터 온 세상 모든 민족을 위해 전파되지만, 문화와 민족이 달라도, 각 계층, 개인 각자의 고유함 안에서 이해되어야 한다는 것이다.

성령이 주어졌다는 말은 인간적인 것보다 더 있다는 것을 의미한다. 예수는 부활하신 후 성령의 베푸심을 선포한다. "성령을 받으시오. 여러분이 누구의 죄든지 용서해 주면 그들은 용서받을 것이요"(요한 20,22-23 200주년) 복음은 하느님의 나라를 선포한다. 그 하느님의 나라는 하느님이 함께 계신 사실을 의식하며 하느님을 중심으로 사는 사람 안에 있다. 따라서 자기 자신만을 생각하는 죄는 사라진다는 뜻이다. 예수의 제자들은 예수의 실천 안에 하느님이 함께 계셨다는 사실을 선포하였다. 죽음을 넘어서도 하느님은 과연 예수와 함께 계셨다는 것이 부활에 대한 그들의 믿음이다.

하느님은 높으신 분도, 우리의 정성과 희생을 요구하는 분도 아니다. 하느님을 섬겨야 하는 높은 분으로 만든 것은, 섬겨야 하는 사람들이 많던 과거 군주(君主) 혹은 봉건(封建) 사회의 사고방식에서 나온 것이다. 옛날 사람들에게는 그들 위에 군림하는 많고 많은 높은 사람들이 있었다. 그들은 그 높은 사람들 위에 계시는 지극히 높은 분으로 하느님을 생각하였다. 그렇게 설정된 지극히 높으신 하느님은 그 사회의 권력자들을 정당화해 주는 머릿돌이 되었다. 대관식(戴冠式)과 착좌식(着座式)이 있는 것은 통치자에게 지극히 높으신 하느님이 권위를 주셨다는 사실을 선포하는 것이었다. 그들은 하느님의 권위를 배경으로 사람들에게 늑대가 되었다. 복음은 지켜야 할 높으신 분의 계명으로 전락하고, 신앙은 하느님이 주신 권위를 가진 사람들에게 하는 순종과 동일시되었다.

우리는 오늘 만민평등 사상을 배경으로 모두가 인간의 자유를 소중히 생각하는 사회에서 살고 있다. 예수 그리스도를 비롯한 하느님에 대한 언어도 오늘 우리는 새롭게 이해한다. 그리스도인은 과거 언어만 일방적으로 반복하지 않는다. 그리스도 교회는 과거 사회가 남겨 준 유물(遺物)의 전시장이 아니다. 과거 군주 혹은 봉건 사회에서 세상의 근본이신 하느님이 군주나 영주들보다 더 높으신 분으로 이해되었다면, 오늘 우리의 자유로운 사회에서도 하느님은 우리 삶의 중심으로 또 우리 자유의 근본으로 계셔야 한다.

하느님은 우리 관찰의 대상이 아니다. 1차로 하느님은 당신의 피조물 안에 스스로를 나타내시고, 또한 당신 백성으로 삼은 이스라엘 안에 당신을 나타내셨다. 2차로 하느님은 예수라는 한 인물 안에 당신을 드러내셨다. 그래서 우리는 예수를 하느님의 아들이라 부른다. 3차로 하느님은 교회 생활과 모든 피조물 안에 당신을 나타내신다. 그것이 성령이 주어졌다는 말이 지닌 의미이다. 구약성서 안에도, 예수 그리스도 안에도, 성령 안에도 모두 같은 하느님이시다. 그것이 하느님이 역사 안에 현존하시는 양식이다.

하느님은 절대적 자유를 지닌 분이시다. 그 자유는 베푸는 자유이다. 베풂은 증명되지 않고, 베풂으로 있을 따름이다. 하느님은 베푸심이기에 항상 새로운 분이다. 하느님의 말씀을 들을 수 있는 장소를 우리가 말할 수는 있지만, 그것이 하느님의 존재를 증명하지는 않는다.

이 세상에 악(惡)과 고통이 있다는 사실을 생각하면, 하느님의 현존은 근본적이다. 하느님은 고통을 원하지 않으신다. 하느님은 침묵 가운데 계신다. 예수가 십자가에서 죽음을 맞이하는 순간에도 하느님은 계셨지만, 침묵 가운데 계셨다. 하느님이 침묵을 지키시면, 죽음은 지극한 고통이다. 하느님을 믿는 사람들은 그분의 침묵이 그분의 부재(不在)를 의미하지 않는다는 사실을 안다. 따라서 하느님이 극도의 침묵을 지키실 때도 우리는 그분을 신뢰한다.

인간의 말과 하느님의 베푸심이 만나는 장소는 바로 이 침묵이다. 하느님의 절대적 현존은 인간을 위한 베푸심과 구원이다. 하느님은 계시는 분이 아니라 은혜로운 분으로 계신다. 따라서 우리는 하느님께 말씀드릴 수 있다. 우리는 고통 중에도 은혜로우신 분에게 부르짖을 수 있다. 하느님의 절대적 침묵은 그분의 절대적 현존을 나타낸다.

예수가 지상 생활 중에 말씀과 실천으로 사람들을 부른 것은 아버지이신 하느님에 대한 믿음이었다. 그것이 아들인 예수의 존재 이유였다. 예수는 자기 한 몸을 소중히 생각하고, 살아남기 위한 대책을 세우지 않았다.

율사와 사제들이 율법과 제사 의례를 강요하면서 인과응보(因果應報)를 가르쳤지만, 예수는 그것을 비판하고 하느님을 중심으로 열리는 새로운 질서를 가르치고 실천하였다. 그것은 섬김의 질서였다. "너희 가운데에서 첫째가 되려는 이는 모든 이의 종이 되어야 한다. 사실 사람의 아들은 섬김을 받으러 온 것이 아니라 섬기러 왔고, 또 많은 이들의 몸값으로 자기 목숨을 바치러 왔다."(마르 10,44-45) 예수의 부활은 그분이 죽음 후에 하느님 안에 살아계신다는 것이다. 예수의 부활을 믿는 사람은 자기 한 사람 잘 되는 길을 찾기보다는 예수의 뒤를 따라 아버지의 선하심, 곧 섬김을 실천한다.

모든 생명체는 자신의 개체유지를 위해 힘껏 노력한다. 그것은 생물체의 본능이지 인간에게 고유한 자유의 실천은 아니다. 생명체 본능의 연장선상에 하느님이 계시지 않는다. 구원은 인간이 생명체로서 자기 보존 본능에 충실하여 쟁취하는 것이 아니다. 구원은 하느님의 영역 안으로 전이(轉移)하여 들어가는 것이다. 하느님으로 열리는 질서 안으로 들어가는 것이다. 처녀인 마리아와 구약의 수태치 못하는 여인들이 하느님의 배려로 수태하여 예수 혹은 구원 역사상 중요한 인물을 출산했다는 이야기들이 의미하는 바이다. 인간 생산력의 결실이 구원이 아니라는 말이다. 하느님의 자유, 곧 섬김에 접목(接木)될 때, 인간은 참으로 자유로울 수 있다. 그 자유는 베푸심 혹은 은총의 질서 안에 있다. 우리 인과응보의 질서에서는 죄가 있는 곳에 벌이 있다. 그러나 하느님의 질서에서는 죄가 있는 곳에 은총이 넘쳐흐른다.(로마 5,20)

"진리의 영, 그분이 오시면 여러분을 모든 진리 안에 인도하실 것입니다. … 그분이 내 것을 받아서 여러분에게 알려 주실 것입니다."(요한 16,13-14 200주년). 성령이 우리 자유의 동력(動力)으로 일하시면, 예수가 하신 실천이 우리 안에 발생한다. 그 실천 안에는 하느님이 함께 계신다. 우리의 자유로운 베풂, 곧 섬김의 실천 안에 죽고 부활하신 예수 그리스도가 살아 계신다. 그것은 곧 성령이 하시는 일이기도 하다.

성찬을 중심으로 발생한 신앙 공동체이다. '내어주고 쏟으신' 예수의 자유를 자기 안에 실현하면서 사는 공동체이다. 그리스도인이 성찬에 참여하는 것은 하느님이 베푸심, 곧 섬김이라는 사실에 감사하면서, 자기도 그 베푸심의 흐름에 합류하여 그 자유, 곧 섬김을 실천하며 살겠다는 것이다.

예수는 하느님의 나라를 선포하고, 가난한 사람들을 위한 기쁜 소식, 구원의 소식을 갖다 주는 종말론적 예언자로 행동하였다. 예수는 인류를 사랑하시는 하느님의 나라를 선포하고, 그 하느님 나라에 상응하는 실천을 하라고 말하면서, 그 상응하는 삶이 어떤 것인지를 자기의 실천으로 보여 주었다. 그분은 비유와 말씀으로 하느님의 나라를 가르쳤다. 예수가 보여준 것은 하느님이 인간을 아끼고, 돌보아주고, 가엾이 여기신다는 것이었다. 우리도 그 아낌의 질서, 곧 섬김의 질서 안으로 들어가야 한다는 예수의 가르침이다.

예수와 접촉한 사람들은 치유와 구원을 체험하였다. 그리고 많은 사람들이 예수를 따라 새 삶을 살았다. 그들은 새로운 희망으로 새 삶을 시작하였다. 예수는 그것을 위해 아무런 조건을 제시하지 않았다. 누구라도 예수에게 접근하는 사람은 고통과 고뇌 중에서도 자유로워지고, 구원을 체험할 수 있었다. 미래가 없던 사람들에게 구원의 미래가 주어졌다. 예수에 대한 이야기는 끝나지 않았다. 인류 역사의 종말까지 예수에 대한 이야기는 지속될 것이며, 그 이야기는 말씀으로 변해서 우리의 실천, 곧 섬김 안에 새로운 삶의 모습을 나타낼 것이다. "말씀이 사람이 되시어 우리 가운데 사셨다."(요한 1,14).

주 —

1) "어리석은 자 마음속으로 '하느님은 없다' 말하네. 모두 타락하여 악행을 일삼고 착한 일 하는 이가 없구나."(14,1; 53,1)
2) 장자(莊子)의 물고기 이야기가 있다. 새끼 물고기가 어미 물고기를 만나서 묻는다. "물이 있다는데 어디 있어요?" 어미 물고기가 답한다. "우리가 물 안에 있단다." 그러자 새끼 물고기가 다시 묻는다. "그런데 왜 물이 보이지 않아요?" 저자는 설명한다. 도(道)도 이와 같아서 우리가 도 안에 있지만 그것을 우리가 보지는 못한다.
3) 세리 자캐오가 베푸는 사람이 되자 "오늘 이 집에 구원이 내렸다. 이 사람도 아브라함의 자손이기 때문이다."(루카 11,9)
4) "너희는 좁은 문으로 들어가도록 힘써라. 내가 너희에게 말한다. 많은 사람이 그곳으로 들어가려고 하겠지만 들어가지 못할 것이다."(루카 13,24)
5) 도스토옙스키의 『카라마조프가의 형제들』에 나오는 무신론자 이반의 논리이고 20세기 프랑스 작가 알베르 카뮈의 항변이다.
6) 예수님께서 그에게 이르셨다. "어찌하여 나를 선하다고 하느냐? 하느님 한 분 외에는 아무도 선하지 않다."(마르 10,18)
7) "너희 가운데 아들이 빵을 청하는데 돌을 줄 사람이 어디 있겠느냐? 생선을 청하는데 뱀을 줄 사람이 어디 있겠느냐? 너희가 악해도 자녀들에게는 좋은 것을 줄 줄 알거든, 하늘에 계신 너희 아버지께서야 당신께 청하는 이들에게 좋은 것을 얼마나 더 많이 주시겠느냐?"(마태 7,9-11)
8) 현행 개인고백을 포함한 고해성사는 제4차 라테란 공의회가 1215년 채택한 양식이다. 사람들이 죄를 지었다고 엄청난 보속을 하고 있어서 1년에 한 번은 본당신부에게 자기 죄를 고백하고, 하느님이 자비하시고 용서하신다는 사실을 선포 받으라는 것이다. 고해성사에서 보속을 주는 것은 그 시대 항간에 떠돌던 '보속차림표' 대로 보속하지 말라는 것이다.

  이렇게 13세기에 발생한 고해성사인데 16세기 개신교가 분리되고 그들이 모든 성사를 버리자, 개신교 분리의 후유증을 수습하기 위해 소집된 트렌토 공의회(1545~1563년)가 성사의 중요성을 말하기 위해 "예수님이 일곱 개의 성사를 세우셨다."고 말하면서 고해성사도 그 일곱 안에 넣어서 선포하였다.
9) 하느님을 아버지라 부를 때, 아버지의 남성(男性)을 의미하지 않는다. 가부장(家父長) 사회에서 아버지라는 호칭에는 어머니가 자녀들을 위해 하는 역할도 당연히 들어 있다.
10) "예수께서 말씀하셨다. '나다. 하지 않았느냐? 너희가 나를 찾는다면 이 사람들은 가게 내버려 두어라.' 이는 '아버지께서 저에게 주신 사람들 가운데 하나도 잃지

않았습니다.' 하고 당신께서 전에 하신 말씀이 이루어지게 하려는 것이었다."(요한 18,8-9).

11) "나는 세상에 불을 지르러 왔습니다."(루카 12,49 200주년). "'다시는 주의 이름을 입 밖에 내지 말자. 주의 이름으로 하던 말을 이제는 그만 두자'고 하여도, **뼛속에 있는 주의 말씀이 심장 속에서 불처럼 타올라** 견디다 못하여 저는 손을 들고 맙니다."(예레 20,9 공동번역). "성령과 불로 세례를 베푸실 것입니다."(루카 3,16 200주년).

마음으로 하는
마음을 읽는 마음의 신학

이제민 신부

우리는 어떤 언어로 예수님께 신앙을 고백하는가? 어떤 언어로 '예수님은 그리스도이시다', '예수님은 부활하셨다', '우리도 장차 부활할 것이다' 하고 고백하는가? 우리는 어떤 언어로 천국을 선포하고 어떤 언어로 하느님이 삼위일체라고 고백하며 믿는가?

신학은 우리를 그 언어가 생겨난 원천으로 안내하며 동시에 미래를 향하게 하는 학문이다. 이를 방해하는 것 또한 역설적이게도 인간의 언어다. 그러므로 언어에 대한 성찰 없이는 올바로 신학 할 수 없다. 해석학은 우리를 언어의 원천으로 안내하는 학문이며 동시에 언어의 미래로 향하게 하는 학문이다. 신학의 언어는 기존 사고의 틀을 깨트리고 관습적인 언어에서 벗어나야 하는 과제를 안고 있다.

원천으로 돌아간다는 것은 그 언어를 사용하던 과거로 돌아가서 그 언어를 상투적으로 반복하는 것이 아니다. 예수님은 과거의 언어를 암기하여 상투적으로 고백하는 일을 통해서가 아니라 언어의 해석을 통해서 오늘 인간에게 체험될 수 있다. 원천으로 돌아가기 위해 언어는 해석되어야 한다. 해석은 우리를 과거의 언어에 묶어두기 위한 것이 아니라 우리를 원천으로 향하게 하면서 미래를 열어주는 것이어야 한다. 언어와 교의는 발전하기 때문이다. 예수님은 원천에 충실하며 발전하는 언어로 복음을 선포하셨다.

신학의 과제는 사람들을 올바로 고백하게 하여 하느님께로 예수님께로 안내하고, 지금 여기서 천국의 삶, 부활의 삶, 행복한 삶을 살 수 있도록 길잡이 역할을 하는 것이다.

예수님은 "내(예수)가 누구냐?"라는 질문을 던지며 당신의 언어가 어떤 것인지 알게 하시고, 예수님은 이 질문으로 제자들을 당신의 언어로 안내하여 신학하게 하신다. 예수님은 단순히 사람들이 당신을 누구로 알고 있는지 궁금해서 이 질문을 던지신 것이 아니다. 이 질문에 대한 답은 자기의 언어를 예수님의 언어로 성찰하지 않고서는 내놓을 수 없다. 이는 예수님께서 그리스도라는 단어를 풀이해 주신 데서 드러난다. 베드로가 자기 힘에 의존하여 그리스도라는 단어를 이해했다면 예수님은 자기를 비운 언어로 그리스도를 풀이해 주신다. 그리스도는 자기를 비운 존재이기에 언어를 비운 자만이 깨달을 수 있고, 깨달은 자만이 예수님이 누구인지 그리고 예수님을 따르는 자기가 누구인지 알게 된다.

우리 인간이 힘을 비운 언어를 말할 수 있을까? 그분의 언어를 해석한다고 하면서 아전인수 격으로 자기만의 언어를 고집하는 것은 아닐까? 예수님은 지금 우리가 사용하는 언어로, 지금 우리가 당신을 해석하는 언어로 말씀하셨을까? 그분이 오늘 세상에 다시 오신다면 당신을 해석한 우리의 언어 때문에 당신 자신이 누군지 모르겠는 일이 빚어지지는 않을까? "내가 그런 그리스도였던가?" 놀라며 그리스도로, 복음적으로 살기를 포기하지는 않으실까?

베드로의 언어를 통해 우리의 언어와 우리의 신앙고백을 성찰해본다.

1. 베드로의 언어 예수님의 언어

마르 8,27-33 : 예수님께서 제자들과 함께 카이사리아 필리피 근처 마을을 향하여 길을 떠나셨다. 그리고 길에서 제자들에게, "사람들이 나를 누구라고 하느냐?" 하고 물으셨다. 제자들이 대답하였다. "세례자 요한이라고 합니다. 그러나 어떤 이들은 엘리야라 하고, 또 어떤 이들은 예언자 가운데 한 분이라고 합니다." 예수님께서 다시, "그러면 너희는 나를 누구라고 하느냐?" 하고 물으시자, 베드로가 "스승님은 그리스도이십니다." 하고 대답하였다. 그러자 예수님께서는 제자들에게, 당신에 관하여 아무에게도 말하지 말라고 엄중히 이르셨다. 예수님께서는 그 뒤에, 사람의 아들이 반드시 많은 고난을 겪으시고 원로들과 수석 사제들과 율법학자들에게 배척을 받아 죽임을 당하셨다가 사흘 만에 다시 살아나셔야 한다는 것을 제자들에게 가르치기 시작하셨다. 예수님께서는 이 말씀을 명백히 하셨다. 그러자 베드로가 예수님을 꼭 붙들고 반박하기 시작하였다. 그러나 예수님께서는 돌아서서 제자들을 보신 다음 베드로에게, "사탄아, 내게서 물러가라. 너는 하느님의 일은 생각하지 않고 사람의 일만 생각하는구나." 하며 꾸짖으셨다.

당신을 누구라고 생각하느냐는 예수님의 질문에 베드로는 "스승님은 그리스도이십니다." 라고 고백하지만 자기가 고백하는 그리스도가 누군지 몰랐고 그리스도를 몰랐기에 예수님이 누군지 알지 못했다. 예수님의 언어로 고백할 줄 몰랐기 때문이다. 그리스도는 예수님의 언어로만 깨달을 수 있고 그리스도가 누구인지 알 때 예수님을 알 수 있다.

우리가 예수님이 그리스도라고 고백하는 이유는 우리도 그리스도로 살기 위해서이며 나아가 모든 이를 그리스도로 만나기 위해서이다. 그리스도로 살 때 우리는 우리 자신이 누구인지 알게 되고, 이웃을 그리스도로 만날 수 있을 것이다. 예수님은 우리가 그리스도로 살고 그리스도로 서로 만나기를 원하시기에 당신을 따르라고 하신다.

베드로의 고백이 있은 지 2천 년의 세월이 흘렀다. 예수님을 따르는 그리스도인이라 불리는 자들의 수도 기하급수적으로 늘어났지만 사람들은 여전히 베드로처럼 자기만의 언어로 예수님이 그리스도시라고 고백하고 있는 것은 아닌가? 자신을 그리스도인이라고 자칭하지만 정작 예수님처럼 그리스도로 살지 못하고, 그래서 예수님이 누구인지, 자신이 누구인지, 만나는 사람이 누구인지 알지 못하는 것은 아닌가?

2. 베드로 고백의 모순

예수님은 왜 제자들에게 사람들이 당신을 누구라 생각하는가라는 질문을 던지셨을까? 호기심이 발동하여 물으신 것이 아니다. 예수님은 질문을 던지실 때 이미 제자들의 입에서 나올 답도 예상하셨을 것이다. 마치 어머니가 어린 자식에게 어떤 대답이 나올지 다 알면서 질문하는 경우와 같다고 할까. 그분은 사람들이 당신을 예언자로 보고 있다는 것을, 제자들이 당신을 그리스도로 고백할 것이라는 것을 알고 계셨다. 이를 알면서도 질문을 던지신 것이다. 이는 베드로가 옳은 대답을 하였음에도 불구하고 기다렸다는 듯이 사탄이라는 말로 대꾸하신 데서 분명해진다. 그렇다면 그분의 질문에는 어떤 의도가 깔려 있었음이 분명하다. 그분의 의도란 베드로가 대답한 바로 뒤에 그리스도라는 단어를 풀이해 주신 데서 드러난다. 그분은 제자들에게 '그리스도'를 깨우쳐 그들을 그리스도라는 단어의 원천으로 안내하여 그리스도의 삶을 살게 하고자 하신 것이다.

그리스도라는 베드로의 답변은 그의 깨달음에서 나온 것이 아니었다. 그분은 베드로가 생각하는 그리스도가 아니었다. 그분은 대중이 생각하는 그런 식으로 예언자가 아니었고 (나는 요나보다 더한 존재다. 나는 예언자보다 더한 존재다.) 그런 식으로 그리스도가 아니었다. 그리스도는 그들이 생각하는 그런 존재가 아니다. 베드로는 그리스도를 몰랐기에 예수님이 그리스도이시라고 고백하면서도 예수님이 누군지 몰랐다. 베드로의 무지는 예수님께서 그의 답변을 듣고 나서 그리스도는 "반드시 많은 고난을 겪으시고 원로들과 수석 사제들과 율법 학자들에게 배척을 받아 죽임을 당하셨다가 사흘 만에 다시 살아나셔야 한다."고 그리스도라는 단어를 풀이하셨을 때 베드로가 보인 반응에서 드러난다. 베드로는 스승의 그리스도 풀이에 당황하여 스승을 붙들고 반박하기 시작하였던 것이다.(마르 8,31-32) "그리스도는 그런 존재일 수 없습니다. 내가 모든 것을 버리고 따라 나선 그리스도가 고난을 받고 배척을 받아 죽임을 당하다니, 그런 존재일 수가 없습니다." 예수님은 베드로의 이런 반응을 기다리기나 하였다는 듯이 그의 고백이 떨어지기 무섭게 "사탄아, 내게서 물러가라. 너는 하느님의 일은 생각하지 않고 사람의 일만 생각하는구나."(마르 8,33) 하고 질책하신다.

그래도 그렇지, 당신께 고백하는 제자에게 '사탄'이라니 예수님의 반응이 무섭기까지 하다. 아무리 베드로가 고백하는 내용을 몰랐다 해도, 그가 생각하는 그리스도가 당신이 선포하시는 그리스도와 달랐다고 해도, 어떻게 제자를 사탄이라고까지 부를 수 있을까? 예수님의 눈에는 베드로가 정말 사탄으로 보였을까? 그분에게 사탄은 '하느님의 일은 생각하지 않고 사람의 일만 생각'하는 존재, 하느님을 거부하는 존재이다. 베드로가 정말 그의 온 존재로 하느님을 거부하는 사탄과 같은 존재였을까? 베드로는 스승님은 그리스도라고 고백하면서 자기가 어느 누구보다 예수님을 잘 안다고 우쭐했겠지만 예수님 보시기에 그는 아직 당신을 몰랐다. 베드로는 '사탄'이라는 주님의 반응에 놀라 속으로 이렇게 말했을지도 모른다. "주님, 나는 지금껏 당신을 따라다니면서 당신과 같이 먹고 자고 마시고 했습니다. 그런데 어찌 나를 모른다고 하십니까? 사탄이라니요, 너무 하신 것 아닙니까?" 하지만 예수님께 "나는 너희를 모른다."는 말은 "너희는 나를 모른다."는 말과 다르지 않다. 그들은 주님과 함께 다니고 함께 먹고 마시면서도 주님을 몰랐다.

베드로가 고백한 문장은 맞다. 그러나 관습에 젖어 고백한 그의 그리스도는 예수님의 그리스도와 달랐다. 베드로는 힘의 논리에 따라 예수님이 그리스도라고 고백했다. 예수님을 믿기만 하면 모든 것을 얻을 수 있고 또 이룰 수 있다는 논리다. 예수님만 믿으면 부자 되고 예수님만 믿으면 하는 일마다 잘되고 예수님만 믿으면 원하는 것을 다 얻을 수 있고 예수님만 믿으면 성공한다는 논리다. 이런 믿음은 예수님을 이용하여 소원을 이루겠다는 것이나 다름이 없다. 예수님을 자기 소원을 이루기 위하여 이용할 수 있는 장치로 보는 것이다. 예수님이 그리스도라는 베드로의 고백은 결국 힘의 논리에 따른 것으로 자기의 언어가 빚은 그리스도에 대한 고백일 뿐, 실제로는 자기 생각에 대해 고백이나 다름없다. 베드로 고백의 모순이다.

예수님은 이런 논리를 사탄의 논리로 단정하셨다. 예수님이 그리스도이신 것은 힘의 논리에 따른 것이 아니다. 예수님께서 힘의 논리에 따라 그리스도였다면 구유에 태어나실 수 없었고 성체성사를 세우실 수 없었고 십자가에 죽으실 수 없었을 것이다. 그분의 복음은 힘의 논리를 부정하는 것이었다. 참 기쁨과 행복은 이 바탕에서 펼쳐진다. 제자들은 예수님을 따라 예루살렘까지 왔건만 아직 이 복음을 깨닫지 못하고 있다.

그분이 힘의 논리를 부정하신 것은 이제 곧 수동태의 형태로 나타난다. 그분은 붙잡히고 매 맞고 모욕당하고 십자가에 못 박히고 죽임을 당하고 땅에 묻히셨다. 부활도 하느님께서 그분을 다시 살리신 사건이다. 그분은 철저히 당하는 수동적인 존재였다.

예수님은 힘의 논리에 따라 그리스도를 받아들이려는 베드로에게 수동적인 그리스도를 보여주신다. 능동적인 언어를 사용하는데 익숙한 베드로에게 수동의 스승이 눈에 보일 리 없었다. 그래서 "안 됩니다." 하며 그분께 수동의 언어를 거두어 주십사 반박하였던 것이다. 그리스도가 그렇게 힘없는 존재라면, 예수님이 그렇게 무능한 존재라면, 자기가 왜 예수님을 따라 예루살렘까지 올라왔겠는가 하는 것이다. 끝까지 힘의 논리에 사로잡혀 있는 그를 예수님은 사탄이라고 부르며 사람의 일만 생각한다고 꾸짖으신다. 베드로와 예수님의 대화는 예루살렘으로 올라가는 길에 어쩌다 일어난 일이 아니라 예수님께서 의도적으로 유도하신 상황이다. 예수님은 의도적으로 그를 끌고 예루살렘까지 오셨다.

베드로는 사탄이 되지 않기 위해서라도 자기의 언어를 버리고 비워야 했다. 관습적으로 사용하는 언어와 사고의 틀에 갇혀서는 그리스도를 깨달을 수 없고, 그리스도를 깨닫지 못하고서는 예수님을 만날 수 없다.

예수님께서 제자들에게 던지신 질문은 우리에게도 해당한다. "우리는 예수님이 그리스도이시라는 것을 믿는가? 예수님이 부활하셨다는 것을 믿는가? 우리도 장차 그분처럼 부활하리라는 것을 믿는가? 천국이 있다고 믿는가? 하느님이 삼위일체이심을 믿는가?"

우리는 이런 질문에 큰소리로 "예 믿습니다." 하고 대답하는데 익숙하다. 그런데 이렇게 큰 소리로 고백하는 우리의 마음을 향하여 돌아올 답변은 뻔하다. "사탄아, 내게서 물러나라." "나는 너희를 모른다."

우리의 관습적인 언어와 사고의 틀을 깨트리지 않는 한 '사탄'이라는 말과 "나는 너희를 모른다"는 말은 우리를 따라다닐 것이다. 예수님은 대부분의 우리가 생각하는 그런 그리스도가 아니다. 예수님은 자기 자신을 위하여 살지 않고 전적으로 남을 위하여, 남의 행복을 위하여 자신을 희생

제물로 내놓으신 분이다. 십자가를 지신 그리스도이다. 우리의 상투적인 언어를 벗어나 예수님의 언어로 고백할 때 우리는 그리스도를 알고, 예수님이 그리스도이심을 알고, 예수님처럼 그리스도로 살게될 것이다. 더 이상 우리 자신을 위하여 살지 않고 남을 위하여 자기 자신을 희생 제물로 바치는 그리스도로 변화될 것이다.

3. 마음을 읽으시는 예수님

예수님은 베드로를 '사탄'이라고 꾸짖으셨지만 끝까지 그를 데리고 다니신다. 왜 그러셨을까? 고백과 배반을 반복하는 베드로의 마음속 깊은 곳에 당신의 언어가 감추어 있기 때문이고, 베드로 하여금 이를 깨닫게 하시기 위해서다. 비록 고백하는 내용은 알지 못했어도 그의 마음속 깊은 곳에는 예수님의 그리스도 고백이 감추어 있기 때문이다. 다만 지금은 감추어진 그 마음에 도달하지 못하고 있을 뿐이다. 예수님은 '사탄아' 하시면서 베드로의 그 마음을 들여다보셨고, "너는 오늘 이 밤이 가기 전에 나를 세 번이나 배반할 것"이라고 하시면서 그의 마음을 들여다보셨다. 무엇을 고백하는지도 모르고 고백하는 그 마음 깊숙한 곳에 감추어져 있는, 베드로 자신도 아직 건드리지 못한 가장 원초적인 마음을 그분은 들여다보셨다. 예수님의 들여다보시는 마음과 들여다보시는 신비스런 언어를 깨닫기까지는 세월이 흘러야 할 것이다. 베드로가 그분의 언어를 깨달아 그분의 언어로 고백하게 되었을 때는 이미 주님은 세상을 떠난 후였다.

주님이 사라지신 그 공간에 베드로가 자기의 마음속 깊은 곳에 도달하게 될 경지가 열리게 되었다.[1] 너는 나를 누구라고 생각하느냐는 주님의 질문을 비로소 깨닫고 하염없이 눈물을 흘리며 마음으로 주님께 사랑을 고백하게 되었다.(요한 21,15-19) 너는 나를 누구라고 생각하느냐고 물으셨던 주님께서 너는 나를 사랑하느냐고 물으신다. 베드로는 눈물로 고백한다. 예. 주님, 주님은 사랑이십니다. 주님을 사랑합니다. 베드로의 사랑 고백은 카이사리아 지방을 지나면서 "스승님은 그리스도이십니다" 하고 고백하던 것과는 차원이 다르다. 그때는 고백하면서도 무엇을 고백하는지 몰라 스승으로부터 사탄이라는 지탄을 받았지만, 지금 이 순간은 자기 가슴 밑바닥에서 우러난 진심이었다. 그는 지금 그리스도와 하나가 된 마음으로, 사탄의 요소가 배제된, 사탄을 극복한 그리스도의 상태(예수님의 유혹 때 사탄이 등장한다)에서 고백한다. 예수님은 베드로를 자기 자신의 마음속으로 안내하고 계셨던 것이다. 그리고 드디어 그 마음에서 고백하게 하신 것이다. 사랑의 고백을. 그런 베드로에게 주님은 "내 양을 돌보아라" 하고 당부하신다. 베드로의 고백을 들을 때마다 주님은 "내 양을 쳐라." 하고 명령하신다. '사탄' 대신에 들려온 말씀.

양을 친다는 것은 무슨 말인가? 주님에게 베드로는 놓칠 수 없는 한 마리 양이었다. 고백하면서도 고백의 내용을 몰라 고백과 배반을 번갈아 하던 베드로이지만 주님은 그런 그를 끝까지 놓지 않으시고 그의 마음속으로 들어가 당신을 깨우치게 하신다. 그리고 사랑에 도달하게 하신다. 베드로도 그렇게 해야 한다. 사람들이 자기의 소리를, 자기가 전하는 그리스도를 알아듣지 못할 수 있다. 그러나 그를 끝까지 놓지 말고 데리고 다녀라. 그리고 그들을 그들의 마음속으로 안내하라. 그리하여 그들이 주님을 만나게 하라.

양을 친다는 것은 사목이다. 사목은 관리가 아니다. 사목의 가장 중요한 것은 듣는 자세이다. 사목을 잘 하기 위해 신자들의 소리에 귀를 기울여야 한다.

사목자는 예수님께서 당신께 그리스도라고 고백하는 베드로에게 귀를 기울이셨던 것처럼, 그리하여 드디어는 사랑을 고백할 수 있게 하신 것처럼 그렇게 사람들에게 귀를 기울여야 한다.

사람들이 잘못 고백할 수 있다. 고백하면서 무엇을 고백하는지 모를 수 있다. 배반할 수도 있다. 그렇다고 버리지 마라. 데리고 다녀라. 그들의 마음에 귀를 기울여라.

사목자의 입에서 신도들이 무식하다, 기복적으로 신앙한다고 비판하는 소리를 자주 듣는다. 이는 사목자가 할 수 있는 말이 아니다. 신앙인들의 마음에 귀를 기울여야 한다. 이런 면에서 신앙인의 감각을 존중해야 한다. 모든 이들이 설령 광신하고 맹신한다 하더라도 그 마음속 깊은 곳에는 올바른 믿음의 감각을 가지고 있다. 사목자는 이를 보도록 해야 한다. 맹신이다 광신이다 비판하기 전에 신앙인의 감각, 신앙의 감각을 보도록 해야 한다.

4. 신앙의 감각(sensus fidei)

베드로의 이 마음을 우리 모두도 가지고 있다. 이 마음은 인간의 가장 원초적인 마음이며, 이 원초적인 마음속을 들여다보는 사람만이 진심으로 신앙을 고백할 수 있다. 사람들의 마음속으로 들어가지 않고 하는 고백은 위선이고 거짓이다. 예수님은 그리스도이시라고 고백하는 교회는 이 마음을 존중한다.

예수님께서 들여다보신 그 마음을 교회는 '신앙의 감각(sensus fidei)'이라는 개념으로 정리한다. 신학의 궁극 과제는 신앙인의 감각(sensus fidelium), 신앙의 감각을 존중하여 신도들을 이 감각으로 안내하여(mystagogia) 이 감각을 느끼고 서로 존중하며 살게 하는 것이다.

교회의 모든 고백(예수님=그리스도, 하느님=삼위일체 등)은 이 신앙의 감각에서 나온 것이다. 이 감각에 아직 도달하지 못한 까닭에 우리는 고백과 배반을 반복하는 것이다. (이제 예수님께서 우리를 이 마음으로 안내하실 것이다.)

"예수님은 그리스도이시다. 예수님은 하느님의 아들이시다. 예수님은 부활하셨다. 하느님은 삼위일체이시다."라는 고백은 입술로 말하여지는 것 이상의 의미를 내포하고 있다. 이 고백은 학자가 만들어준 문장을 큰 소리로 따라 외우는 것으로 다하는 것이 아니라 우리의 마음속 깊은 곳에서 우러나와 우리를 다시 그곳으로 안내하는 역할을 한다. 그러기에 인생 고백이다.

온갖 문제들을 안고 살아가는 지친 사람들이 용기를 내어 예수님께 다가와 "믿습니다." 하고 고백하였다. 그들은 학자가 만들어준 문장을 큰 소리로 외친 것이 아니라 – 설령 그 문장을 반복했다 하더라도 – 그들 마음속 깊은 곳에서 솟구쳐 오른 고백을 하였던 것이다. 예수님께서 그들을 그들 마음속으로 안내하여 거기서부터 그렇게 고백하게 하신 것이다. 그들의 고백은 수많은 신도들이 병을 낫게 해달라고, 부자 되게 해달라고, 하는 일마다 잘되게 해달라고 광적으로 비는 소리와는 다르며, 예수님을 믿어야 한다고 강조하면서 자기의 마음속에 들어가지 못하는 학자의 고백과 다르다.

누가 더 신학자인가? 하느님을 논리적으로 잘 설명하는 학자들인가 예수님을 만난 자들인가? 신학자는 우리를 예수님의 마음으로 안내하는 자이며 예수님을 만나게 하는 자이어야 한다. 누가 예수님을 만났는가? 유식한 율법학자인가 무식한 병자들인가? 누구를 통하여 우리는 하느님을 만나는가? 율법을 잘 준수하는 바리사이인가 그들로부터 서러움을 받는 가진 것 아무것도 없는 과부인가, 눈먼 거지인가? 신학자는 모든 사람들을 예수님께서 만난 단순한 사람들의 마음으로 안내하는 사람이어야 한다.

'나'의 신앙고백은 나의 신앙고백이면서 동시에 사람들의 마음을 읽게 하는 것이다. 예수님께서 베드로에게 사탄이라고 질책하신 것은 베드로가 아직 자기의 마음 안에 들어가서 거기서부터 고백하지 못한 까닭도 있겠지만 바로 그런 이유로 다른 이들로 하여금 각자 자기 마음 안으로 들어가서 거기서부터 고백하도록 안내하는 역할을 하지 못했기 때문이다. 고백하면서도 자기의 일(인간의 일), 자기의 부와 명예만을 생각했기 때문이다.

자기의 신자들에게 기복적이고 무속적으로 신앙한다고 비판하는 그 목소리로 미사 예물을 강조하는 사목자를 종종 보는데, 이들이나 저들이나 신앙을 표현하는 형태가 다르다는 것 말고 무엇이 다른가? 우리는 형태가 아니라 사람들의 마음을 읽도록 해야 한다. 그 안에 와 계시는 하느님을 만나고 하느님의 언어로 이야기하도록 해야 한다. 그리스도적인 삶, 삼위일체적인 삶, 부활의 삶, 성체의 삶은 이 마음에 도달한 사람만이 살 수 있다. 이 삶은 인간의 언어와 해석을 넘어서는 경지이다. 문장이 아니라 마음을 읽어라. 얼마나 큰 소리로 문장을 외치는가 하는 것을 보지 말고 그들의 마음을 들어라.

5. 어머니의 신앙 감각

여기서 어머니의 신앙고백을 예로 든다. 구순을 넘긴 내 어머니의 기도하는 모습을 보면 기도서에 나오는 많은 기도문을 암기하여 아침, 저녁, 자기 전 몇 번이라도 반복하여 외운다. 어머니의 신앙고백은 기존의 신앙고백 문장에 머물러 있다. 그러나 어머니는 이 문장에 머물지 않고 (어머니는 교회가 이 문장을 만들어 주니까 이 문장을 암기하고 있을 뿐이다. 이 문장을 고백하는 그 마음에는 예수님께서 교회를 세우셨다는 믿음이 있기에) 이 문장이 가리키는 천국의 삶의 경지에, 부활과 신의 경지에 들어서 있다. 어머니는 그 경지에서 나를 만나고 있다. 천국에 갈 것이라고 고백하면서 지금 천국의 삶을 살고 있다. 지금 천국의 삶을 살고 있으면서도 교리에 따라 천국은 죽어 가는 나라라고 입으로, 지식으로 고백하고 있다. '천국에 간다'는 교리 때문에 죽은 다음 먼 훗날 천국에 갈 것을 믿고 당신이 먼저 거기에 가면 아들인 내가 뒤따라가서 만나게 될 것이라고 믿고 있다. 지금 천국의 삶을 살면서, 지금 천국의 기쁨을 누리면서, 지금 부활의 삶을 살면서도 지식적으로는 지금 자기가 천국의 삶을 살고 있다는 것을, 부활의 삶을 살고 있다는 것을 인지하지 못한다. 그러면서도 지금 여기 우리가 살고 있는 이곳이 천국이라는 말을 또 한다. 어머니는 교회가 가르쳐 준 고백을 넘어 나를 만나고 있다. 어머니는 신앙의 감각에서 신앙하고 있다.

    내 어머니는 자기의 신앙을 신학자의 말로 표현하지 못한다. 뿐만 아니라 신학자들이 말하는 것과는 전혀 다르게 신앙을 표현하고 있다(부활, 천국, 신). 그러나 그 마음속 깊은 곳에는 자기가 말로 고백한 것보다 (이 고백이 사실은 신학자들이 만들어준 언어로 하는 고백이다. 그런 면에서 학자들 보기에 어머니가 잘못 알고 있다면 그것은 어머니의 책임이라기보다 신학자의 책임이다) 더 심오하게 부활, 천국, 하느님을 신앙하고 있다.

6. 성경의 언어

성경의 언어는 과학의 언어가 아니라 신학의 언어다. 성경의 언어는 우리를 삶의 원천으로 안내한다. 창세기는 과학자의 관찰을 기록한 책이 아니라 인생에 대한 묵상에서 나온 책이다. 창세기 저자가 성경을 쓴 목적은 인류를 하느님께로 안내하기 위함이다. 이 사실을 놓칠 때 우리는 성경의 메시지를 놓치게 된다.

창세기는 하느님께서 세상을 창조하셨다는 이야기로 시작한다. 하느님의 첫 창조물은 빛이다. 빛이 생기니 밤과 낮, 그리고 시간을 체험하게 되었다. "빛이 생겨라"는 말을 듣고 빛이 언제 생겼느냐는 관점으로 따지려 든다면 성경 저자의 의도를 그르치는 것이다.

빛을 창조하셨다는 것은 인류를 빛으로, 원초적인 시간, 영원으로 안내하기 위함이다. 창세기의 저자는 우주 만물을 보면서 시간과 영원을 체험하였다. 시간을 하느님의 시간으로, 영원으로 체험하였다. 영원을 추구하는 우리를 공간으로, 온 우주만물로, 온 생명체로, 이웃에게로 안내하며 거기서 다시 우리를 시공의 원천으로 안내하여 하느님을 만나게 한다. 창세기를 읽으면서 자신을 빛이신 존재의 원천으로 안내하지 못한다면 하느님을 만나지 못하고, 우주만물을 향하여 살지 못한다면 성경의 메시지를 놓치게 될 것이다. 우주의 기원이 150억 년 전이라는 과학적 지식을 근거로 내세워 창세기의 이야기는 틀린 것이라고 공격하는 것은 지동설에 근거하여 해가 동쪽에서 떠서 서쪽으로 진다는 것을 부정하는 것과 같다. 우리는 천 년 후의 사람들이 사용하게 될 언어로 이야기할 수 없다. 같은 이유로 우리보다 3천 년 전에 살았던 성경 저자가 오늘날 우리가 사용하는 언어로 말하고 우리의 사고방식으로 사고하기를 바라는 것은 옳지 않다. 언어는 발전하기 마련이다. 발전을 무시할 때 우리는 원천을 향하는 저자의 마음도 놓치게 될 것이다. 성경의 글자 한 자, 한 자는 우리를 천지창조 이전으로 즉 우리를 생명의 원천, 존재의 원천으로 안내하는 역할을 한다. 바오로가 에페소인들에게 보낸 편지도 이 언어로만 이해할 수 있다.

"하느님께서는 그리스도 안에서 하늘의 온갖 영적인 복을 우리에게 내리셨습니다. 세상 창조 이전에 그리스도 안에서 우리를 선택하시어, 우리가 당신 앞에서 거룩하고 흠 없는 사람이 되게 해 주셨습니다. 사랑으로 예수 그리스도를 통하여 우리를 당신의 자녀로 삼으시기로 미리 정하셨습니다. 이는 하느님의 그 좋으신 뜻에 따라 이루어진 것입니다."(에페 1,3-4)

과학적으로 볼 때 이 이야기는 터무니없다. 21세기에 살고 있는 우리는 지구의 역사가 50억 년이고 우주의 역사가 150억 년이라는 것을 안다. 그런데 어떻게 100년도 안 되는 과거를 가진 우리들이 150억 년 이전부터 하느님으로부터 선택된 존재가 될 수 있는가.

7. 학자들의 언어와 교회의 언어

학자들은 우리의 신앙 고백이 인간의 마음에서 나온 것임을 깨달아야 한다. 신학 학문은 유식한 신학자들의 사고가 아니라 가장 단순한 인간들의 마음에서 발단한 것이다. 신학은 인간의 마음 안에 그들보다 먼저 와 계시는, 그들 자신도 미처 알지 못했던 하느님을 깨닫고 느끼면서 세상 또한 그 하느님을 깨치도록 돕는 학문이다. 이를 위해 신학자들은 철학과 일상의 언어를 사용하였다. 예수님이 그러하셨다. 그분은 당시 소외받는 사람들에게 다가가셔서 그들의 언어로 그들 안에 와 계시는 하느님을 느끼게 해주셨다. 그분이 많은 병자를 고쳐주셨다는 것은 그들로 하여금 그들 안에 와 계시는 하느님을 그들의 언어로 느끼게 해 주셨다는 것을 말한다.

신학자들은 자기들이 만들어준 언어로 고백하는 내 어머니의 신앙을 무지하다고 비판할 것이 아니라 오히려 그 신앙을 일깨워 사람들에게 느끼도록 해 주어야 한다. 신학자가 이 일을 게을리 한다면 그들 자신이 이 신앙의 원초적인 감각에 이르지 못했기 때문이다. 신학자들의 사명은 우리 어머니들의 신앙 감각을 자기의 몸으로 느끼는 일이다. 예수님이 그런 신학자였다. 예수님은 당신에게 도와달라고 청하는 자들의 고백 뒤에 감추어진 신앙의 원초적인 감각을 느끼며 거기로 그들을 안내하셨다. 그분은 지식인들의 자만보다 무식한 자들의 신앙 감각을 존중하셨다. 전자는 안다고 하면서도 자기가 무엇을 신앙하는지 모를 뿐만 아니라 그러기에 신앙의 삶을 살 수 없었고, 후자는 학자들이 말하는 것을 알 수 없어 모른다고 하지만 감각으로 그 내용을 – 자기도 모르게 – 느끼며 살았기에 하느님의 품 안에 머무는 자였다. 예수님께서 죄인과 세리를 가까이 하셨다는 것은 그들 자신도 미처 깨닫지 못한 신앙의 감각을 존중하셨기 때문이다. 그분은 우리를 신앙의 감각으로 안내하신다(mystagogia). 우리 스스로 자신의 마음을 들여다보며 그 안에 와 계시는 하느님을 만나 뵐 수 있도록 하시는 그분은 진정한 신비가이며 영원한 영성가이다. 신학자는 이 마음을 찾아주는 사람이어야 하기에 신비가이고 영성가이어야 한다. 지금 우리 신학계의 문제는 세상이 알아듣지 못하는 그들만의 언어로 말장난하는 신학자는 넘쳐나지만 진정한 의미의 신비가이자 영성가를 찾아보기 어렵다는 것이다.

교리는 학자들의 언어로 우리를 안내하는 것이 아니라 신앙인들의 감각으로 우리를 안내하는 것이어야 한다. 예수님은 당신의 언어로 우리에게 이 감각을 일깨우고자 하셨다. 영성가와 신비가는 묵상하는 사람이다. 해석은 묵상에서 나온다.

신학의 과제는 신앙의 언어를 신앙의 감각에서 신앙의 감각을 향하여 해석하는 데 있다. 신학은 고백의 언어를 그 언어의 원천에서 듣게 하는 과제를 안고 있다. 그리고 우리를 이 경지로 안내하는 과제를 안고 있다. 이 경지에 이르기 위해서는 묵상을 해야 한다. 신학자는 이런 의미에서 묵상하는 영성가, 관상하는 영성가이어야 한다. 신학자는 언어의 기술자가 아니라 묵상하는 사람이어야 한다. 영성가만이 신학자가 될 수 있다.

그런데 대부분의 학자들은 우리를 교의라는 문장에 머물게 하고 - 그리하여 원천으로 안내하는 역할에 충실하지 못하고 - 설교가들은 이 문장을 암기하여 입으로 고백하게 하는 것으로 자기의 사명을 다했다고 생각한다. 고백의 내용을 묵상하는 영성가가 아니기 때문이다. 그들 스스로 신앙인들의 마음으로 들어가서 고백하지 못한다면 그들의 고백은 그저 문장에 대한 고백이나 자기의 지식에 대한 고백일 뿐이다. 그리하여 고백하면서 자기의 지식을 자랑한다. 물론 예수님은 그렇게 자신의 지식을 자랑하며 고백하는 그들의 마음 안에도 계시겠지만 그것으로 우리는 위안을 삼아서는 안 될 것이다. 자기와 사람들의 마음 안으로 들어가는 것, 그렇게 모든 이를 이 신비로 안내하는 것은 신학의 과제이다.

신학의 언어는 우리를 신앙의 원초적인 감각으로 안내하기 위해서 있다. 그러지 못할 때 언어의 해석은 유식한 자들의 말장난일 뿐이다. 그렇게 부활과 신과 그리스도와 천국과 복음이 인간의 말장난에 놀아나고 있다. 신학의 과제는 하느님과 인간을 말장난에서 건져내는 것이다.

신학은 모태에서부터 하는 것이다. 신학은 우리가 태어난 모태를 듣고 또 모태로 우리를 안내하는 역할을 한다. 인간은 죽는 날까지 모태로부터 모태를 향하여 산다. 우리가 돌아가야 할 무덤은 우리 인생이 시작한 모태이다. 인간에게 무덤은 자기가 태어난 모태로 돌아가는 현장이다. 신학의 과제는 우리를 그 신비로운 모태로, 신비로운 경지로 안내하는 것이다. 신학의 언어는 이 모태로 돌아간 사람만이 옳게 해석할 수 있다.

훌륭한 영성가들은 이 모태에서 인생을 살았다. 모태에서 하느님을 듣고 하느님을 이야기하고 부활을 이야기하였다.

바오로가 하느님께서 세상 창조 이전부터 우리를 선택하셨다고 말할 수 있었던 것은 그가 모태의 언어에서 신학을 펼치고 있기 때문이다. 그러면서 바오로는 우리를 우리가 태어나기 이전의 모태로 안내한다.

신학의 언어를 깨닫기 위하여, 예수님의 말씀을 깨닫기 위하여 예수님이 그리스도이심을, 예수님이 부활하셨음을, 하느님이 삼위일체이심을 깨닫기 위하여 우리는 우리의 존재를 세상의 모태로 안내할 수 있어야 한다. 세상을 창조하신 하느님의 그 신비로 우리를 안내하도록 해야 한다. 이 신비로 안내하는 역할이 묵상이다. 신학자는 묵상하는 사람이어야 한다. 자기의 모태에서부터 신학해야 한다. 천국은 이 모태에 이르렀을 때 열리는 경지이다. 이 경지에 이르지 못했을 때 우리는 공상하고 망상한다. 부활과 삼위일체, 그리스도와 천국은 인간의 망상에서 나온 것이 아니다. 자기 자신을 이 모태로 안내하지 못하고 신학을 할 때 인간은 자기의 지식을 자랑하는 교만에 빠진다. 해석학의 출발점은 인간의 머리가 아니라 모태이다.

부록: 서공석 신부님 금경축 축하 말

여러분이 오늘 신부님의 금경축을 맞이하여 이 자리를 마련한 것은 신부님의 지나간 과거를 돌아보며 찬양의 말씀을 전하기 위해서는 아닐 것이다. 신부님도 그런 찬양의 축하를 받기 위해 여러분의 초대에 응하신 것은 아닐 것이다. 여러분이 이 자리를 마련한 것은 신부님의 언어를 듣기 위해서일 것이다. 신부님이 누구인지 하는 것은 신부님이 광주가톨릭대학교와 서강대학교에서 제자들을 가르치시며 사용하신 언어에 고스란히 감추어 있다. 이 언어가 여러분의 마음에 간직되어 있고 여러분은 이 언어를 세상에 알리고자 신부님께서 그동안 집필하신 언어를 모아 '하느님과 인간'이라는 책으로 묶어 봉정하고자 이 자리를 마련하였다.

저는 신앙의 언어에 대해 제가 평소 생각하던 몇 가지 말씀으로 축하를 대신하고자 한다. 신부님은 신학을 하면서 언어에 많은 관심을 가지셨다. 어쩌면 신부님 신학의 출발점은 언어, 신앙의 언어라고 해도 좋을 것이다. 신부님의 언어에 대한 관심과 이해를 모르고서는 신부님의 신학을 안다고 할 수 없을 것이고, 신부님이 하느님에 대해서, 인간에 대해서, 그리스도에 대해서, 교회에 대해서, 사제에 대해서, 정의에 대해서 열정적으로 말씀하신 것도 알아들을 수 없을 것이다. 이는 신부님이 그동안 여러 책에서 서술한, 특히 강론을 통해 설파하신 하느님, 인간, 그리스도, 교회, 사제, 천국, 부활 등을 이해하기 위해서는 신부님의 해석하는 언어를 익혀야 한다는 말이 되기도 한다. 신부님의 언어는 신학 하는 자들을 개념(교의)의 원천으로 안내하여 거기서부터 신앙하도록 하는 것이었다. 신부님은 우리가 상투적으로 암기하여 알고 있는 교의를 신앙 언어로 해석하면서 우리를 개념의 원초적인 뜻으로 안내하고, 거기서 신앙하게 하는 것을 교의의 발전, 교회(신학)의 과제로 보면서 이에 근거하여 사람들이 옳게 신앙하는 것을 돕고자 힘을 쏟으셨다. 신부님이 전통주의자와 근본주의자를 경고한 것도 그들의 언어가 경직되어 있어, 우리가 원천에서 신앙하고 거기서부터 미래를 향하여 신앙하는 것을 방해하기 때문이다.

신부님의 언어를 접하기 위해서 우리는 어떤 언어로 신앙하고 있는지 성찰해 보는 것도 좋을 것이다. 대부분의 사람들은 하느님, 인간, 그리스도, 교회, 사제, 천국, 부활, 은총 등의 개념을 신앙의 언어로 깨달으려고 하지 않고 자기만의 언어로 해석하고 알아들으려고 한다. 그러다 보니 교의는 '카더라'는 상투적인 차원과 과거 어느 한 때에 형성된 문장에 머물러 그 원뜻을 전해주지 못하고 미래를 향하지도 못한다. 신부님은 신앙 언어로 이 점을 계속 강조하지만 결국 이 언어도 그저 여러 설명 중의 하나로 묻혀 버리는 것은 안타까운 일이다.

지금 우리 한국 교회의 문제는 예수님의 이름으로 이야기를 하면서도 예수님의 언어로 이야기하지 못하고, 복음이라는 단어를 입에 달고 살면서도 인생을 기쁘게 사는 비결을 세상에 제시하지 못하고 있다는 것이다. 천국을 이야기하면서도 천국을 느끼지 못하고 아니 느끼지 못할 나라로 만들고, 부활을 이야기하면서도 부활의 삶을 살지 못하게 하는 것이다. 예수님께서 베드로 위에 교회를 세우셨다고 강조하면서 예수님의 의중과는 달리 교회를 성직자가 권위적으로 버티고 있는 자비롭지 못한 제도와 조직으로 만들어 버린다.

저의 말이 여러분께 도움이 되기를 바라며 베드로와 예수님의 언어를 잠시 살펴보고자 한다.(앞의 '마음으로 하는 이야기' 참조)

끝으로 신부님의 글 중에 한 구절을 인용한다.

"예수에 대한 이야기는 끝나지 않았다. 인류 역사의 종말까지 예수에 대한 이야기는 지속될 것이며, 그 이야기는 말씀으로 변해서 우리의 실천, 곧 섬김 안에 새로운 삶의 모습을 나타낼 것이다. '말씀이 사람이 되시어 우리 가운데 사셨다.'(요한 1,14)"

주—

1) 주님으로부터 '사탄'이라는 말을 들으면서도, 너 오늘 나를 배반할 것이라는 말을 들으면서도 재판장까지 따라갔고, 거기서 만난 하녀에게 주님을 모른다고 시침 떼면서도, 그분의 언어(갈릴래아 말)를 이미 알아챈 하인들에게 그분의 언어를 모른다고 딴청을 부리고, 주님이 붙잡히시자 도망치면서도 그의 시선은 주님을 향하였다. 주님은 그의 끈질긴 시선이 당신이 사라지며 열어 보이신 공간에 머물게 하여 당신의 언어로 고백하게 하신다.

성체성사: 먹고 죽읍시다.

이순성 신부

◈◈◈

'필사즉생(必死卽生), 필생즉사(必生卽死)!' 성웅 이순신 장군이 한 말이라고 전해져 내려오는 이 말은 원래 '필사즉생 행생즉사(必死卽生 幸生卽死)'라는 말로 『손자병법(孫子兵法)』과 함께 중국의 고대병서로 추앙받는 『오자병법(五子兵法)』의 「치병편(治兵篇)」에 적혀 있는 내용이다.[1]

어쨌든 장군의 말로 전해지는 이 말이나 '살신성인(殺身成仁)'[2]이니 하는 말을 대하면서 생사에 관한 실존적 의식이 뚜렷한 우리 조상의 삶의 자세가 어떤 것이었는지 구체적으로 확인하게 된다. 실제로 그러한 삶의 자세로 인하여 절체절명의 국난의 상황이 전환되어 버린 결과가 나오기도 하고 사람들의 삶에 모범적인 모습으로 숭앙받아 온 이들이 있다.

그것은 상당히 그리스도교적이다. 국가를 위해, 민족을 위해, 지역민을 위해, 가족을 위해, 그 누군가를 위해 내가 죽고자 하면 모두가 살 것이요 나 자신만을 위해 살고자 하면 모두가 죽고 말리라는 그 의식을 행동으로 그리고 삶 속에서 드러낸 것이었기 때문이다. 한마디로 '위한 죽음'은 '위한 삶'이라는 그리스도교적 삶의 방식을 이미 상당한 수준에서 적극적으로 보여 준 모습이 나타난다.[3]

심리학의 관점에서 볼 때 인간의 행동은 그의 의식이 표출되는 행위이다. 인간이 하나의 행동을 하기 위해 마음속에서 일어나는 심리적 과정에는 복잡하고 다양한 요인이 관여한다. 또 내면적 욕구와 환경적 압력이 행동을 동기화하는 과정에 개인의 신념과 인지가 관여하기도 한다. 그리고 신념은 개인이 경험을 통해 형성한 지식, 믿음, 가치 등을 포함한다.[4]

이 글에서는 '인간의 행동이 그의 의식을 표출하는 행위'임을 전제로 하면서 먼저 예수께서 이 세상살이를 하는 동안 취한 언행을 통해 드러낸 자신의 의식이 어떤 것이었는지 살펴봄으로써 그분이 이 세상에 온 이유가 무엇인지, 이 세상에서 실현시켜야 할 것 즉 목적이 무엇이었는지 정리해 보고 이어서 그분이 급기야 열린 자신의 삶의 자리 안에서 실현한 일에 관한 이해를 오늘이라는 우리의 열린 삶의 자리에서 통시적으로 수용해야 할 의미와 그에 대한 해설을 중점적으로 시도해 보고자 한다. 마지막으로 상당히 그리스도교적인 삶의 자세를 살아오고 가르쳤던 조상의 유산덕으로 그리스도교적 삶을 쉽사리 이해한 후 철저하게 그 삶의 진수를 증거한 신앙선조를 본받아서 살고자 애쓰는 오늘의 한국 그리스도인들에게 실천신앙, 실천신심을 살아가는 데 현실적으로 도움이 될 수 있는 몇 가지 생활영성 지침을 제시함으로써 마무리를 해 보고자 한다.

1. 우리 주님 예수 그리스도께서 이 세상에 오신 이유(혹은 목적)

"우리 주님 예수 그리스도께서 이 세상에 오신 이유는 무엇인가? 무엇을 목적으로 오셨는가?"라고 질문을 받으면 우리는 주저함이 없이 "우리 인류를 구원하시기 위해서 오셨다"고 세뇌되어 있는 교리적 답변을 한다.

그런데 "인간을 어떻게 구원하시고자 하셨는가? 방법은 무엇인가?" 하고 재차 질문을 받으면 일반적으로 떠듬거리는 우리 자신의 모습을 대한다. 답은 간단하다. "생명을 주시는 방법으로 구원하시고자 했다!"가 그것이다.

또 질문을 받는다. "그렇다면 어떤 방식으로 생명을 주시고자 하셨는가?" 답변은 쉽지 않다. 그러나 답은 하나다. 굶어서 죽을 지경에 처한 사람에게 혹은 죽음을 맞는 것과 비슷한 상황에 처한 이들에게 "'먹을거리'를 주시는 방식으로 생명을, 사람을 '살게 해 주심으로써' 구원을 실감하게 하시고자 했다."가 그것이다.

그분은 정말 그렇게 하셨는가? 그렇게 할 '의지'를 처음부터 가지고 계셨는가? 그렇게 하신 것이 사실임을 우리는 그분이 이 세상살이를 하신 33년[5]을 집중적으로 살펴봄으로써 확인할 수 있다.

33년이라는 기간의 중요성

사람들은 3이라는 숫자를 좋아한다. 수많은 나라의 사람들은, 특히 성서시대의 사람들은 무척 좋아한다. 그 숫자가 지니는 상징성 때문이다. '완전'을 뜻하기 때문이다.[6]

그런데 3이라는 숫자가 두 제곱식으로 많아지는 특정한 경우를 제외하고(예로써 6, 666) 아주 많이 더해질 때 그 숫자는 더욱 좋은 숫자가 되기 마련이다. '완전'의 상징성을 더 강하게 드러내기 때문이다.

예수께서 이 세상살이 하신 33년은 바로 그런 의미로, 이 세상에서의 삶을 '인간으로서 충만하게 완전히' 사셨다는 뜻으로 알아들을 수 있다. 그리고 그 기간 동안 당신의 정체, 신분, 하실 일, 하신 일, 그래서 그분이 이 세상에 오신 이유이자 목적 곧 당신을 이 세상에 파견하신 분의 뜻이자 계획을 '완전히' 드러내 보여 주신 기간이라는 것을 뜻하기에 중요하다.

33년 중 앞선 30년간 하신 일[7]

그분은 우선 30년간 철저하게 준비를 하셨다. 당신 자신이 오신 이유이자 목적을 파악하고, 하셔야 할 일에 대한 방법에 관해서도 구상하시면서 바로 그것이 파견하신 분의 뜻인지, 계획인지 확신을 해야만 하는 기간으로 보내셨다.

급기야 30년을 다 보내시던 그 기간의 마지막 40일간 이미 의식하고 있었고 그래서 확신하고 있었던 바를 당신 자신의 몫에 대한 앞선 시험을 통하여 재확인하기 위해 광야에 들어가셨다.[8] 광야에서의 기간 내내일 수도 있으나(마르코와 루카의 보도) 40일의 마지막 날이 되었을 때(마태오의 보도) 유혹자와 조우하게 되었다.[9] 유혹자는 비록 3가지로 구분되는 요구로 보이지만 결국은 하나의 내용으로 그분을 걸려 넘어지게 하고 싶었다. 그 한 가지 내용이란 그분이 '하느님의 아들'인지 아닌지에 관한 것이었다. 그분이 만일 하느님의 아들이라면 '그러한 이답게 능력과 그에 합당한 몫을 제시해야 할 것임'을 요구하며 바로 그 요구로써 그분을 걸려 넘어지게 하려 했던 것이다.[10]

광야에서 사십 주야를 단식하시고 몹시 시장하실 때, 더 극적으로 표현한다면 **"거의 죽을 지경이 되셨을 때"** 그 유혹자가 "당신이 하느님의 아들이거든 이 돌들에게 빵이 되라고 해 보시오" 하고 요구하자 예수께서는 "성경에 기록되어 있다. '사람은 빵으로만 살지 않고 하느님의 입에서 나오는 모든 말씀으로 산다.'" 하고 대답하셨다(마태 4,3-4)[11].

사람은 먹어야 산다. 살기 위해서 먹어야 한다. 먹지 않으면 그것도 아주 많은 날들을 먹지 않으면 쇠약해져 죽게 된다. 그래서 먹을거리가 필요하다. 그것이 빵이건 밥이건 사람이 죽지 않기 위해서는 반드시 그 먹을거리를 먹어야만 되는 것이다. 살기 위해서는, 생명을 유지하기 위해서는 먹어야 하는 것이다. 이것이 **죽을 지경까지 다다라 본 예수님의 체험이다.**

예수께서는 사람이 빵을 먹어야 산다는 것을 분명히 인정하셨다. 하지만 그분은 이어지는 말씀으로 사람이 **빵 만으로가 아니라 하느님의 말씀으로 살아야 한다**고 깨우쳐 주셨다. 사람이 살기 위해 빵이라는 먹을거리를 먹는 일이 일상적이지만 사람이 사람답게 살기 위해서라면 하느님의 말씀을 먹고 살아야 한다는 거다.

도대체 무슨 이야기를 하시는 것인가? 그분이 언행으로 표출한 그분의 의식 그리고 확신을 듣고 봄으로써 충분히 체험하고 소화시켰던 제자 중 하나인 요한이 꽤 세월이 흐른 다음 이렇게 기록했다. "한 처음에 말씀이 계셨다 … 모든 것이 그분을 통하여 생겨났고 … 그분 안에 생명이 있었으니 … 그 생명은 사람들의 빛이었다 … 모든 사람을 비추는 참빛이 세상에 왔다 … 말씀이 사람이 되시어 우리 가운데 사셨다 … 은총과 진리는 예수 그리스도를 통하여 왔다."(요한 1,1-17)

그렇다면 '하느님의 말씀'이란 다름 아닌 당신 자신이 아닌가? 하느님의 말씀으로써 사람이 되신 이, 예수 그리스도 당신 자신이 아니던가? 그래서 그 응답은 곧 "사람이 사는데 빵이 필요한 것은 사실이지만 오로지 빵 만으로가 아니라 사람이 된 하느님의 말씀인 **당신 자신으로 살아야한다**"는 뜻이 아니던가? 바로 이것이다. 이것이 그분의 자의식이자 확신이었다. 그리고 그분은 광야에서 당신 자신의 몫에 대한 앞선 **시험을 통하여 확신한 바를 재확인**하신 바대로 죽을 지경이 된 사람들 혹은 죽음을 맞이하는 것과 비슷한 상황에 처한 이들에게 먹을거리(먹을거리에 포함되는 마실 거리까지)를 줌(선물함)으로써 사람답게 이 세상에서의 생명을 유지하게 해 주실 뿐 아니라 저 세상에서의 생명까지도 보장해 주시는 일을 세상 사람들에게 설파하시고 증거하시려는 것이 이 세상에 오신 이유이자 목적이고, 그것이 바로 당신을 파견하신 분의 뜻이자 계획임을 유혹자에게 답변하는 형식으로 공표하신 것이다.

그러면 그분은 밝히신 대로 정말 그렇게 일을 하셨고 또 그렇게 하심으로써 당신이 하시고자 하신 일을 이루셨는가?

마지막 3년간 하신 일[12]

그분이 하신 일들을 방식에 초점을 맞추고 살펴보면 크게 두 가지로 구분된다. 한 가지는 기존의 방법을 당신 자신의 것으로 수용하시는 방식이 그것이다. 가장 전형적인 모습을 요르단 강에서 세례자 요한으로부터 세례를 받으신 일에서 본다.[13] 예수께서는 당신이 받으신 세례를 이후 다른 이들을 대상으로 세례를 베푸신 것으로 알려져 있다(요한 3,22과 4,1 참조). 당신의 제자들이 세례를 베푼 것이라고 변명이 되고 있어도(요한 4,2 참조) 제자들이 스승님의 허락이나 암시 없이 그렇게 할 수는 없는 것이라는 철저한 스승-제자 관계에서 지켜져야 할 예의와 규율을 염두에 둔다면 적어도 예수께서 제자들에게 묵인까지는 하시지 않았을까 추측하는 것이 무리는 아니리라.[14] 실제로 예수께서는 이 세상에서의 총체적인 몫을 다하신 다음 제자들 앞에서 고별을 하실 때 하신 말씀을 통해서 '세례'를 당신 자신의 것으로 했음이 확실하게 드러났기 때문이다(마태 28,16-20; 마르 16,16).

다른 한 가지는 예수께서 당신 자신의 고유한 방법을 적극적으로 활용하시는 방식이 그것이다. 여러 가지 기적 내지는 표징을 행하시는 경우에서 본다. 가나의 혼인잔치에서 물을 술로 변형시킨 사건을 전형적인 경우로 들 수 있다. 아주 많은 의미가 단 한 번의 행적 안에서 조화롭게 엮어져 드러나고 있는 가나에서의 사건[15]이지만 그 행적은 참으로 고유하기 이를 데 없는 예수의 방법이 표출된 방식이다. 그런가 하면 또 다른 놀라운 경우를 빵과 물고기를 많게 하신 사건들 안에서 접한다. 우리는 바로 이 두 번째 방식 즉 '먹을거리와 마실 거리'(이후부터는 먹을거리로 통칭함)를 줌(선사함)으로써 당신이 하실 일을 해 나가시는 면모에 초점을 맞춰 보도록 하겠다.[16]

- 의미설명 없이 거저 먹을거리를 제공하신 일들

가나의 혼인잔치 집에서 행하신 일을 먼저 보겠다. 예나 지금이나 민족이나 지역의 구별 없이 살펴 볼 때 혼인은 이미 익히 잘 알려져 있는 것처럼 생명을 확산시켜 나가기 위해 인간이 행하는 가장 중대한 행사라는 것이 드러난다. 그 잔치는 당연히 '생명력이 넘치고 활기찬 분위기'여야 한다. 그러한 잔치에 '먹을거리'는 바로 그러한 분위기를 위한 바탕자료 중 하나다. 그런데 예수께서 초대받아 가신 그 혼인잔치에서 자칫 '생명력이 약화되고 활력이 시들해져 버릴 상황'이 발생하고 말았다. 마실 것이 바닥나 버린 것이다. 당시 일주일씩이나 계속되는 유다인들의 전통 혼인잔치[17]를 짐작해 보면 당연히 일어날 법한 상황이다. 이 상황에서 예수께서 씻는 데에만 사용하던 물을 마실 수 있는 '포도주'로 변화시켜 버리신다.[18] 생명을 확산시켜 나가기 위한 인륜지대사인 혼인잔치 집에서 그것도 '물리적 생명을 살아갈 수 있도록, 그 생명에 활력을 불어 넣어 주시기 위해', '먹을거리를 제공해 주신 것'이다(요한 2,1-11). 그것은 선물이다. 우선은 신랑과 신부에게, 그리고 참석한 모든 이들에게 꼭 필요한 선사품이다.[19] 약간 과장해서 말하자면 먹을거리가 바닥남으로써 그 분의기가 마치 초상집처럼 되어 버릴 수 있는 상황에서 예수께서는 혼인잔치 분위기를 지속시켜 나가게 해 주셨기 때문이다. 한 마디로 그로써 당신이 오신 이유이자 목적을 드러내 보이시며 실현해 나가기 시작하셨다.[20]

그럼에도 불구하고 그 행적을 보면 예수께서 그 무슨 설명이나 그 어떤 의미도 소개 하시지 않았다. 다만 사람들이 먹을 수 있도록, 먹고 활기 넘치게 살도록 먹을거리를 공짜로 제공해 주셨을 뿐이다.

예수께서 당신이 하실 일들을 분담하시고 공유하시기 위해 선별해야 할 사람들을 뽑아 세우는 경우에도 마찬가지로 알아들어야 할 일이 발생한다. 첫 번째 제자들을 부르는 상황이 그 점을 알게 해 준다. 첫 번째로 불림을 받은 제자들은 시몬과 그의 동료 그리고 그의 동업자 야고보와 요한이었는데 그들이 밤새 그물을 쳐 보았으나 한 마리도 잡지 못했음에도 불구하고(루카 5,5)[21] 예수께서 일단 시몬과 그 동료들에게 "깊은 데로 가서 그물을 쳐 고기를 잡아라" 하셨고, 명에 응하여 쳐 보았더니 과연 엄청난 양의 물고기가 잡혀 자신들이 갖고 있는 그물이 찢어질 지경이 되자 다른 배에 있는 동업자들을 불러 함께 그물을 걷어 올려 나누어 실어 본 결과 두 배가 다 가라앉을 정도로 가득히 채웠던 것이다. 그들은 그 일로 인하여 제자로서의 삶을 살기 시작했다(마태 5,18-22; 루카 5,1-11 참조). 물고기는 '먹을거리'이다. 그것 역시 선물이다. 필요로 하는 이들에게 아무런 설명이나 의미해설 없이 거저 주어진 선사품인 것이다.[22] 생계에 큰 타격을 받을 정도의 그래서 약간은 죽음의 맛을 보고 있었을 법한 그들에게 먹을거리를 제공해 주셨기 때문이다. 다른 말로 더 설명할 필요가 없이 명백히 드러나는 그분의 강생이유이자 목적을 드러내 주는 상황이다.[23] 공짜로 먹을거리를 제공해 주시는 그분의 일은 차츰 발전적인 변화양상을 보인다.

• 발전적인 모습으로 행하는 먹을거리 제공 사건

대표적인 발전양상 두 가지를 더 들면 이렇다. 한 번은 예수께서 배를 타고 따로 한적한 곳으로 가셨다. 그런데 사람들은 그분이 가실만한 곳을 미리 짐작하고 가서 기다리고 있었다. 예수께서는 그들이 듣고 싶어 하는 것을 많은 시간을 할애하여 모두 들려 주셨다. 그러다 보니 저녁때가 되었다. 제자들이 그분께 고하기를 "여기는 외딴 곳이고 시간도 이미 지났습니다. 그러니 군중을 돌려보내시어, 마을로 가서 스스로 먹을 것을 사게 하십시오." 하자 예수께서는 "그들을 보낼 필요가 없다. 너희가 그들에게 먹을 것을 주어라." 하셨다. 그들이 "저희는 여기 빵 다섯 개와 물고기 두 마리 밖에 가진 것이 없습니다." 하였다. 예수께서는 ***건네어 받은** "빵 다섯 개와 물고기 두 마리를 ***손에 들고 하늘을 우러러 찬미를 드리신(축복하신 다음) 다음 *빵을 떼어** 제자들에게 주셨다." 제자들은 그 빵을 사람들에게 ***나누어 주었으며** 모두가 배불리 먹고 남은 조각을 모으니 열두 광주리에 가득 찼다. 먹은 사람은 남자만 오천 명 가량 되었다(마태 14,13-21; 마르 6,30-44; 루카 9,10-17 참조). 다른 한 번의 경우도 비슷하다. 빵 일곱 개와 작은 물고기 몇 마리(혹은 두 마리)만을 가지고 같은 방법으로 ***감사를 드리신(축복하신 다음) 다음 *떼어 제자들에게 그리고 제자들이 사람들에게 *나누어 주었더니** 모두가 배불리 먹고 남은 조각을 모으니 일곱 바구니나 되었다. 그리고 먹은 사람은 남자만 사천 명이나 되었던 것이다(마태 15,32-38; 마르 8,1-10 참조). 그런데 이렇게 빵을 많게 하시어 수천 명의 사람들에게 먹도록 해 주셨을 때의 상황은 그들이 굶주려서(마태 15,32), 먹을거리가 반드시 필요한 시간대였음 알아야 한다(마태 14,15; 마르 6,35; 루카 9,12).

요컨대 일련의 사건들에서 그분은 당장 필요로 하는 이들에게 먹을거리를 선물로 주시되 그 질과 양에 있어서 놀라운 면을 보여주셨을 뿐 아니라 분명히 발전적인 변화양상을 보여주시는 방식으로 하셨던 것임이 드러난다.[24] 마지막 두 사건 곧 빵과 물고기를 많게 하신 사건 안에서 여전히 필요로 하는 이들에게 아무런 설명이나 의미해설 없이 먹을거리를 거저, 선물로 주시긴 하지만 **여태껏 보여주신 적이 없는 행동을 하신 것**[25]이 그것이다. 예수께서 이렇게 '먹을거리로 일을 해 나가시는 모습'은 연속된다.[26]

- **'먹을거리' 제공 사건의 종합**

그분이 이렇게 '먹을거리'를 통해서 하실 일을 하신 것으로 최종사건 (루카 22,16)은 이 세상에서의 마지막 저녁식사 즉 '최후의 만찬' 중에 이루신 일을 통해서 확인된다.[27] 그분은 당신 자신이 바로 하느님의 말씀, '빛과 생명을 창조하시는 말씀'으로써 사람이 되시어 '하느님의 뜻을 현실 안에서 실현시키신 분 즉 구원하신 분'이심을 확정적으로 증거하신 것이다. '성체성사의 설립사건'이 그것이다.

그분이 최후만찬 중에 하신 행동과 말씀에 주목[28]할 필요가 있다. '먹을거리'를 발전적으로 제공해 오시던 사건의 종합이기 때문이다. ***빵을 들고 찬미를 드리신**(감사를 드리신) **다음** ***떼어 나누어 주시며** "이는 너희를 위하여 **내어주는** 내 몸이다. 너희는 ***나를 기억하여** 이 **예식을 행하여라**" 하시고 잔을 들어 ***감사를 드리신 다음** "모두 이 잔을 ***나누어 마셔라**. 이는 ***죄를 용서해 주려고 많은 사람을** ***위하여 흘리는 내** ***계약의 피**다. 이 잔은 너희를 ***위하여** 흘리는 내피로 맺는 ***새 계약이다**." 하셨다.(마태 26,26-28; 마르 14,22-24; 루카 22,17-20; 1코린 11,23-25)[29] 지상생애 중에 해야 할 일의 종합된 모습인 성체성사의 설정상이었다. 그 안에서 예수께서는 예식의, 메시지의 그리고 선물의 중심이시다. 성체성사 설정은 그분만의 고유 행위로서 결정적이다. 그분 자신이 온 인류가 구원을 얻기 위해 반드시 먹어야 하는 선물로 제공된다.[30] 그것은 **죄로 인하여 죽을 운명을 타고 난 인류에게 죽을 운명으로부터의 해방 그래서 생명을 되찾아 누릴 수 있게 해 주는 먹을거리**로 거저 주어지는 것이었기 때문이다.

그것은 광야에서 사십 주야를 단식하시고 몹시 시장하셨을 때 유혹하는 자가 "당신이 하느님의 아들이거든 이 돌들에게 빵이 되라고 해 보시오" 하며 던진 질문에 "성경에 기록되어 있다. '사람은 빵으로만 살지 않고 하느님의 입에서 나오는 모든 말씀으로 산다.'" 하고 대답하셨을 때(마태 4,3-4) "사람이 사는데 빵이 필요한 것은 사실이지만 오로지 빵으로만 사는 것이 아니라 사람이 된 하느님의 말씀인 당신 자신으로 살아야한다"고 스스로 확신하신 바이자 그에 대해 재확인한 바의 실천적 표명이었다. 그것은 사람들에게 먹을거리(먹을거리에 포함되는 마실거리까지)를 줌(선물함)으로써 이 세상에서의 생명을 유지하게 하실 뿐 아니라 저 세상에서의 생명까지도 보장해 주시는 일(영육의 생명을 얻어 누리고 구원을 받음)을 세상 사람들에게 설파하시고 증거하기 위해 당신 자신이 이 세상에 오신 이유이자 목적의 실현이었다. 그래서 그분은 당신이 하셔야 할 일 즉 당신을 파견하신 분의 뜻이자 계획을 현실화한 분이다.[31] 요컨대 예수께서 설정하신 성체성사로 말미암아 인류는 더 이상 영육으로 죽을 지경에까지 이를 일이 없어져 버린 것이다.

• 종합사건의 실천여부 점검과 핵심적인 의미 각인시킴

그분은 죽으시고 다시 살아나신 다음 당신 자신이 **제자들에게 그렇게도 가르치셨고 깨우쳐 주셨으며 보여주시며 증거하신 일, 계약의 명령으로써, 유언**[32]**으로써 하라고 하시며 건네주신 일들을 지속시켜 나가는**지 점검·확인하는 작업을 하셨다.[33]

예수께서 죽으신 지 3일째 되는 날 오후쯤에 당신이 잡히시고 수고수난 하신 후 숨을 거두시자 달아나 버렸던 제자들 가운데 두 사람이 예루살렘에서 30리쯤 떨어진 곳에 있는 엠마오라는 동네를 향하여 가고 있었다. 그들은 보행 중에 스승 예수사건에 대해서 토론을 하고 있었다. 마침 다시 살아나신 예수께서는 그들 사이에 끼어들어 동행하시게 되었다. 그리고 최근 예수님과 직결된 사건에 대해서 여러 가지로 알아들을 수 있을 정도로 설명을 해 주셨다. 그러나 그들은 그분이 누구신지 알아보지 못하였다. 어느덧 날이 저물고 저녁이 되자 세 사람은 머물 곳을 찾아 들어갔고 식사 때가 되자 예수께서 '**빵을 들고 찬미를 드리신 다음 그것을 떼어 그들에게 나누어 주셨다.**' 그제야 비로소 **그들은 눈이 열려** 예수의 모습을 알아보았지만 그분은 이미 사라지고 계시지 않았다(루카 24,13-31). 예수께서 '빵' 즉 '먹을거리'를 가지고 평소 당신이 하시던 방법대로 행하심을 통해서 제자들에게 증거하시고, **유언으로 지속하라고 건네 주셨던 일**을 그들이 봉행하는지 여부를 점검하시고 다시 확인시켜 주심으로써 당신 자신이 바로 그렇게 하라고 하신 분이심을 확신하게 해 주신 것이다. 그럼으로써 당신 자신이 **다시 살아나신 분이라는 것에 대한 확신을 주고 그 사실에 대한 믿음을 심화**시켜 주셨다. 두 제자는 즉시 심화된 믿음을 나누고 선포하기 위해 예루살렘에 모여 있던 열한 제자와 그 동료들에게 달려갔다.(루카 24,32-36)[34]

또한 예수께서는 당신의 첫 번째 제자들을 부르실 때의 상황과 너무도 비슷한 상황에서, 즉 이미 달아나 자신들이 부르심을 받기 전의 생업으로 되돌아가 생계를 위한 작업을 하던 제자들의 상황에서 그들에게 하신 일이 그것이다.

스승의 수고수난과 죽음을 체험한 제자들은 희망을 잃고 예전 자신들의 일터인 티베리아[35] 호수로 되돌아가서 물고기잡이를 하고 있었다. 예수께서 그들에게 다가가 서 계셨다. 그들 중 시몬 베드로와 쌍둥이 토마 그리고 나타나엘과 제베대오의 두 아들 또 다른 두 제자는 이미 밤새 그물질을 하였으나[36] 헛수고만 하였다. 날이 밝아올 때 예수께서는 그들에게 "얘들아, 무얼 좀 잡았느냐?" 하고 물으시자 그들은 "못 잡았습니다." 했다. 그러자 예수께서 "그물을 배 오른쪽에 던져라. 그러면 고기가 잡힐 것이다" 하셨고 제자들이 그대로 해 보았더니 과연 고기가 너무 많이 걸려 그물을 끌어 올릴 수가 없었다. 잡힌 고기만 큰 것으로 153마리나 되었던 것이다. 그때 제자 가운데 스승으로부터 사랑받던 제자가 "주님이십니다." 하고 말하자 베드로는 고기잡이하기 위해 땀 흘려 일하던 터였기에 벗어두었던 겉옷을 두르고 그냥 물속에 뛰어들어 달려왔고 다른 제자들은 많은 고기를 실은 배를 저어 호숫가로 다가왔다. 그런데 그곳에는 이미 예수께서 숯불 위에 **물고기를 굽고 계셨고 또 빵도 준비해 놓고 계셨다**. 예수께서는 좀 더 필요한 물고기를 제자들로부터 넘겨받은 다음 함께 구우신 후 평소에 당신이 하시던 대로 **"빵을 들어 그들에게 주시고 또 고기도 그렇게 주셨다."** 떼어 나누어 주신 것이다. 제자들은 **아무도 그분이 누구신지 묻지 않았다**. 그분이야말로 바로 다시 살아나신 자신들의 스승이심을 이미 알고 있었기 때문이다(요한 21,2-14). 달리 말하면 제자들은 그분이 자신들에게 명하신 바를 봉행하고 있는지 여부를 점검하시는 방법으로 당신 자신의 다시 살아나심에 대한 자신들의 확신을 그래서 믿음을 심화시켜 주시고자 한다는 사실을 확인한 것이다. 한 마디로 그들은 초심이 종심이 되게 해 주시려는 주님의 의도를 명백하게 깨달았다.

 어쨌든 이 두 가지 사건 안에서 드러나는 상황도 예수께서 당신 자신이 나누어 넘겨주시는 먹을거리가 부활자 생명을 얻어 누리게 해 주는 것임을 각별히 체험하게 해 주셨을 때의 시간대가 다름 아닌 **반드시 먹을 수밖에 없고 또 생계를 위해 먹을거리를 잡지 않으면 안 되는 처지에서 발생한 것이었음에 주목할 필요가 있다.**

• 정리

　엠마오 사건과 티베리아스 사건에서 밝혀진 내용은 제자들로 하여금 첫째, 당신 자신이 '다시 살아난 이'라는 것에 대한 확신을 주고 그 사실에 대한 믿음을 심화시켜 주시려는 것 둘째, 이미 설정하신 성체성사가 그분의 부활로써 부활자 생명을 누리게 해 주는 결정적인 먹을거리로 선사된 것임을 깨닫게 해 주시려는 것을 그 요지로 한다.

　과연 그분은 "나는 길이요, 진리요, 생명이다."(요한 14,6)라고 하심으로써 생명을 얻기 위한 길이란 오로지 당신 자신에게로 나아가야 하는 것이고 그렇게 하는 것이 참된 것임을 단언하셨고 또 "나는 부활이요 생명이다"(요한 11,25)라고 하심으로써 그 생명은 바로 부활자의 생명임을 분명히 밝히셨던 것처럼 '먹을거리를 통해서' 당신 자신이 평소에 하시던 말씀과 행동에 대한 확신을 갖게 해 주셨으며 또 다시 살아나신 후에 그렇게 하셨던 당신 자신에 대한 믿음 즉 신앙을 심화시켜 주셨다.

　하지만 그 부활자 생명을 얻어 누리기 위해서는 그분이 "내가 생명의 빵이다. 나에게 오는 사람은 결코 배고프지 않을 것이며, 나를 믿는 사람은 결코 목마르지 않을 것이다."(요한 6,35) "나는 생명의 빵이다 … 나는 하늘에서 내려온 살아있는 빵이다. 누구든지 이 빵을 먹으면 영원히 살 것이다. 내가 줄 빵은 세상에 생명을 주는 나의 살이다."(요한 6,48. 51)라고 말씀하신대로 그분을 먹어야만 한다.

　제자들은 바로 그러한 말씀의 의미를 파악해 낼 수 있었고 또 그 말씀들이 현실 안에서 구체적으로 실현된 것임을 확신할 수 있었다. 그들은 바로 그 확신을 토대로 그분이 "나는 세상의 빛이다. 나를 따르는 이는 어둠 속을 걷지 않고 생명의 빛을 얻을 것이다"(요한 8,12) "나는 내 뜻이 아니라 나를 보내신 분의 뜻을 실천하려고 하늘에서 내려왔다"(요한 6, 38) 하신 바가 무엇을 의미하는지 확실히 깨달을 수 있었다. 한 마디로 그들은 그분이 누구신지, 그분이 하신 일이 무엇인지, 그분이 이루고자 하신 것이 누구의 뜻에 의한 것인지 믿음으로 간직할 수 있었던 것이다.

* * *

제자들의 믿음은 예수께서 자신들에게 건네주신 것이 생명이신 분, 부활자로서 생명이신 당신 자신이시기에 그분을 먹어야 생명을 얻어 누릴 수 있다는 것, 구원을 얻어 누릴 수 있다는 것 그리고 그러한 면에서 그분이 빛이시라는 것에 관한 것이다.

그들의 믿음에 의하면 예수께서 당신 자신을 먹을거리로 건네주심으로써 천지창조 사건 안에서 드러난 하느님의 뜻이 강생사건 안에서 확연하게 실현되었다. 그분을 먹음으로써, 그분과 하나됨으로써 즉 합일, 일치됨으로써 부활자 생명을 얻어 누릴 수 있게 된 것이다. 그것이 구원이다.

그래서 구원은 그분이 설정하신 성체성사로써 현실 안에서 체험되었다. 그들에게는 성체성사야말로 그분이 당신 자신을 온통 먹을거리로 주심으로써, 그래서 죽으심으로써, 그러나 부활하심으로써 부활자 생명을 나누어 얻어 누릴 수 있게 해 주는 선물이었다.[37]

따라서 성체성사의 설정이 바로 예수의 강생 이유 혹은 목적이었음을 알게 된다. 그분은 성체성사의 설정으로써 이 세상살이를 하시는 중에 의식해 오면서 구상한 그리고 급기야 확신했던 파견자 아버지 하느님의 뜻이자 계획을 자신의 열린 삶의 자리에서 완성하신 것이다.

결국 우리는 그분이 그렇게 할 의지를 처음부터 가지고 계셨는지 제기한 질문에 그렇다고 답할 수 있게 된다. 그분이 당신이 설정하신 성체성사를 제자들로 하여금 계속 행하라고 명하신 바를 통해서 인정하게 된다. 그리고 그 명령의 의도는 간단명료하다는 것도 알게 된다. 제자들을 중심으로 한 교회공동체가 무상의 선물인 부활자 생명의 나눔을 통하여 구원을 계속 실감하며 살게 해 주시기 위한 것, 영원히 사는 방법을 지금 미리 체험하며 살아가게 해 주시기 위한 것이 그것이다.

2. 성체성사의 의미와 그에 대한 이해

"나는 하늘과 땅의 모든 권한을 받았다. 그러므로 너희는 가서 모든 민족들을 제자로 삼아, 아버지와 아들과 성령의 이름으로 세례를 주고 내가 너희에게 명령한 모든 것을 가르쳐 지키게 하여라. 보라, 내가 세상 끝날까지 언제나 너희와 함께 있겠다."(마태 28,18-20)

예수 그리스도께서 베드로를 중심으로 한 12사도에게 건네주신 것이자 지속시켜 나가도록 명하신 것[38]이며 세상 사람들에게도 가르쳐 지키도록 해 주어야 할 것으로 명하신 바가 전승되어야 한다는 말씀이다. 천지창조 사건 안에서 드러난 하느님의 뜻, 강생사건 안에서 실현된 하느님의 그 뜻이 종말사건 안에서 지속적으로 행해져야 할 것으로 건네진 것이다.

예수의 제자들과 그들이 이룬 공동체의 삶은 바로 그렇게 건네진 것을 넘겨주는 모습, 신앙의 전수 모습을 보여주는 것이었다. 그 사실을 사도행전 2장 41-42절 그리고 46절이 보도한다. 그러나 더욱 적나라한 모습은 사도 바오로가 강렬하게 기술했던 내용 안에서 볼 수 있다. 사도 바오로의 것만을 보겠다.

그는 주님으로부터 특별한 계시로써 강생사건을 통해서 현실 안에서 실현된 하느님의 뜻과 그 실현의 종말적 지속에 관한 전체 내용을 건네받은 대로 가르치며 전수해 나가던 중에 어떤 공동체 안에서 실행하고 있는 바가 자신이 주님으로부터 그리고 여타 사도 공동체가 건네받아 넘겨준 바와는 다르게, 변질된 방식으로 행해지고 있다는 소식을 듣게 되자 그들에게 재차 정통의, 전통의 방식을 가르쳐주며 준행하라고 엄명했다. 그 공동체는 다름 아닌 코린토 공동체였다. 그 전반적인 내용이 공동체에 보낸 사도 바오로의 편지 11장 17-34절 안에 있다. 줄여 말하면, 믿음으로 건네주고 전해주어야 할 것, 유언으로 명한 것을 일상적으로 봉행해야 할 것이라는 점을 강조하고 있다(1코린 11,25-6).

건네지고 전수되어 온 성체성사의 전반적인 의미는 이미 다양한 이름으로 불리는 그 이름 안에서 폭넓게 찾아질 수 있다.[39] 이 글에서는 오늘이라는 우리의 열린 삶의 자리에서 통시적으로 수용해야 할 그 의미를 성체성사 설정을 위한 본문을 중심으로 정리해 보는 것으로 하겠다. 그 본문으로 주 25)에서 언급한 내용이지만 오늘날 미사전례 안에서 성체성사를 위한 기도문으로 정식화되어 사용되고 있는 것을 취한다.[40]

임의로 부분들을 나누어서 살펴봄으로써 좀 더 구체적이고 중점적인 의미를 파악할 수 있을 것이고 또 그에 대한 해설을 중점적으로 할 수 있을 것 같다.

부분에서 드러나는 통시적 의미와 해설

- "너희는 모두 이것을 받아먹어라"

'너희 모두'라고 말할 때의 그 '모두'는 그곳에 있는 이로써 예외를 두지 않았다. 심지어 예수님을 배반할 유다도 그 '모두'라고 하는 이들 안에 포함되어 있었다. 아니 그 자리에 있었던 이들은 모두가 하나같이 스승 예수님을 배반하거나 도망쳐 버릴 이들이었다(마태 26,31; 마르 14,27). 예수님은 바로 그러한 이들 모두를 향하여 말씀하셨다.

그런데 그 '모두'는 '하나의 공동체'이다. 예수께서 당신 자신이 형성하신 공동체다. 여기에서 우리는 '하나의 공동체' 안에는 반드시 의로운 이, 죄 없는 이, 혹은 죄와는 상관없는 이만 있어야 한다는 것은 아니라는 것을 알게 된다. 그 안에는 죄를 범할 가능성이 있는 이, 어떤 때는 죄인 자신까지도 있을 수 있음을 알게 되는 것이다.

그런가 하면 그 공동체는 다름 아닌 믿는 이들의 회중, 오늘의 말로 '교회'다. 옛적 12지파가 하느님백성이었던 그 모습을 12사도가 온 인류를 망라하는 12지파를 상징하면서 이루는 하느님백성 즉 교회인 것이다.[41] 그래서 그 교회는 믿음이 여전히 깊지 않은 상태에 있음으로 해서 간혹 의심을 살지라도 바로 그러한 이들까지도 속해 있는 그러한 교회이다.

결국 그 회중 가운데에는 의인이 있지만 죄인도 있다는 것을 알게 해 주시는 말씀으로 알아들을 수 있다.[42] 그리고 그 모두가 언제나 교회라는 '길', 진리를 안고 있는 '교회', 그래서 '생명의 주체이신 분'이 주관자로 상존하시는 그 곳으로 안겨 들어가야 한다는 것을 알게 해 주는 말씀인 셈이다.

그 말씀은 아무리 잘못을 저질렀어도, 그래서 죄 중에 있어도 다시 그 곳으로 되돌아가야 한다는 의미를 드러낸다. 한 마디로 끊임없는 회개의 삶을 요청받고 있는 교회라는 것이 그 의미다. 그래서 성사적으로 알아들어야 할 말씀이다. 유다는 비록 생명에로 안겨 들어가는 것을 스스로 포기함으로써 죽음을 자초했지만 다른 사도들은 회개함으로써 다시 생명을 얻어 누렸다.

사실 죄가 없는 이들로 구성된 교회는 처음부터 있을 이유가 없다. 죄가 없는 이들은 이미 생명을 얻어 누리고 있기 때문이다. 죄인들까지도 포함되어 있는 교회임으로 해서, 그래서 생명을 얻어 누려야 할 절대적인 필요가 있는 바로 그러한 이들까지도 안고 있는 교회임으로 해서 교회의 창립과 존재이유가 있는 것이다.

"받아먹어라"는 말씀은 '먹을거리'를 당신이 주신다는 뜻이다. '먹을거리'는 근본적으로 생명을 유지하기 위한 것이다. 그런데 '생명 자체'가 나누어 넘겨주어진 것이다. 갑자기 땅으로부터 솟아나거나 혹은 하늘로부터 떨어져 내려와 마치 그전부터 있었던 것, 즉 감추어져 있다가 드러나 나타난 것이 아니다. 전혀 신선하게 창조되어 세상 안에 출현하게 된 것으로서 그것은 오로지 지은 이의 뜻대로 나누어 넘겨지게 된 것이다. 그래서 '먹을거리'는 본래 나누어 넘겨주게 되어 있는 것이다. 그 생명을 위한 '먹을거리'도 창조되어 지은 이의 뜻대로 나누어 넘겨지게 된 것이다(창세 1,29; 9,1-3). 그 '먹을거리'는 또한 생명을 활성화하기 위해 나누어 넘겨지게 되어 있는 것이다.

따라서 "너희는 모두 이것을 받아먹어라"라고 할 때의 예수님의 말씀은 그 자리에 있던 모든 사람들, 유다까지도, 그래서 믿는 이들 가운데 여전히 그 믿음이 약한 이들이 있다 해도 이미 하나의 믿음 공동체인 그 회중 혹은 교회에 속한 이들은 창조주께서 지어주신 자신들의 생명을 위해 마찬가지로 창조주께서 만들어 나누어 넘겨주신 '먹을거리'로써 그 생명을 유지하는 것은 물론 활성화해야 한다는 것으로 알아들을 수 있다.

여기에서 얻어 누리는 생명을 유지하지도 않고 활성화하지도 않았던 유다의 잘못이 얼마나 외골수적이고 배타적인 것이었는지 이해할 수 있게 된다. 그의 죄가 어떤 것으로 인한 것이었는지도 따질 필요가 있다. 우리 가운데 죄가 없는 이는 없다. 우리 가운데 "나는 단 한 번도 죄를 지어 본 일이 없다" 하고 말할 수 있는 이는 없다. 우리는 이미 '죄를 지어 본 경험이 있고 죄의 상태에도 있을 수 있으며 언제나 범죄의 가능성을 안고 살아가는 이들'인 것이다. 그래서 우리는 주님의 깨우쳐주심이 무엇인지 안다. 우리는 항구한 회개로써 교회 안에서 생명을, 그래서 평화를 얻어 누려야 한다는 것을 확인하는 것이다. 그리고 그 생명은 언제나 나누어 넘겨지는 것이기에 우리가 얻어 누리는 생명을 교회 밖의 다른 이들과 더불어 나누어 넘겨주어야 한다는 것도 확인하게 된다.[43]

• "이는 너희를 위하여 내어 줄 내 몸이다"

'너희를 위하여 내어 줄'이라는 말씀을 들을 때, 우리는 그 말씀 안에 대단히 중요한 표현 한 가지가 있음을 확인한다. '위하여'(마르 14,24; 루카 22,19. 20; 1코린 11,23)라는 표현[44]이 그것이다. 주님 예수 그리스도의 강생이유이자 그분의 삶의 방식이었고 당신 자신의 강생 목적을 실현하신 모습이 드러나는 단도직입적인 표현이다.

성체성사로써 당신의 강생 목적을 이루셨다고 말할 때, 그리고 강생의 신비가 성체성사의 신비 안에서 구체화된다고 말할 때 바로 이 표현의 의미로 말미암아서이다. 하느님이 누구신지 그리고 그분이 천지 창조로부터 이 세상 마칠 때까지 하실 일이 무엇인지 그대로 드러내는 결정적인 표현이기 때문이다.

그 표현은 '내어 줄'이라는 행위를 표현하는 말이 목적으로 하는 바다. 그 목적하는 바는 직접목적의 실상을 전제로 한다. 그 실상이 바로 '절대 이타적인 실재'다. 하느님이 바로 그분이시다. 하느님은 당신 하시는 일을 통해서 당신 자신이 누구신지 계시해 주신 그대로 '위한 분', '절대 이타 존재'이시다. 그분은 그러한 분답게 그런 일을 하신다. 그래서 하느님에 관한 모든 사안을 계시된 그대로 기록으로 남겨 놓고 있는 성서 전체의 내용은 바로 이 말마디로 요약할 수도 있다.

구약성서 첫 면인 창세기 1장 1절에서부터 신약성서 마지막인 면인 묵시록 22장 21절까지를 바로 그 표현인 '위하여', '이타적으로'를 염두에 두고 알아듣는다면 모두가 다 들어맞게 되어 있다. 그 '위하여'라는 말로 요약할 수 있는 성서 전체의 내용에서 그 말의 간접 대상은 그래서 '위한 대상'은 바로 온 인류다.

'내 몸'이라는 표현은 그 말씀 그대로 '주님의 몸'이다. 당신의 몸은 이미 우리 인간 모두를 '위한 몸', '전적으로 내어 줄 몸'이 되어 버린다.

결국 '전적인 내어 줌'을 책임 있게 수행해야 할 것임을 자각하게 해 주는 말씀이다. 그 말씀은 결코 상대적인 것이 아님을 알 수 있다. 책임 있는 수행은 절대적이다. 그 누군가가 나에게 필요로 하는 것을 요청할 때 그를 위해 그가 필요로 하는 것을 줌으로써 완수되는 것이 책임이기 때문이다. 따라서 '그를 위한 것인 양 하면서 실제로는 자기 자신을 위한 일'을 하거나 '생색만 내고 실제로는 해 주지 않는 행위'는 결코 '위한 행위'가 아니다.

- "너희는 모두 이것을 받아 마셔라"

'너희는 모두'와 '받아 마시다'라는 말씀, 그리고 '마실 거리'에 대해서는 앞의 "너희는 모두 이것을 받아 먹어라"에서 살펴 본 바와 같다.

- "이는 새롭고 영원한 계약을 맺는 내 피의 잔이니"

'새롭고'는 여태껏 한 번도 있어 본 적이 없는 전혀 처음의 것을 말하는 것이 아니다. 그것은 쇄신을 뜻하기도 하며 완성을 뜻하기도 한다. 그러면서도 그것은 새로운 시작을 뜻한다. 그 의미를 잠시 후에 다룰 '계약'[45]이라는 표현과 연결시켜 좀 더 살펴 볼 수 있겠다.

'영원한'은 말 그대로 '영원한'이다. 이 세상만이 아니라 저 세상에서까지 이어진 채 약화되거나 사라져 버리고 마는 일이 없는 상태가 그것이다. 새롭고 영원한 것은 곧 결정적인 완성 그래서 완전한 것을 의미한다.

'계약을 맺는'을 통해서 이전에 있었던 계약을 떠올릴 수 있다. 그러나 그 계약과는 전혀 다르다. 그렇다고 해서 그 전의 계약을 무시해 버려야 한다는 것은 아니다. 그 전의 계약이 지녔던 근본적인 의미는 새롭게 맺어질 계약 안에서 더욱 구체적으로 그리고 현실적으로 완성되어 완전하게 실현될 것이다.

구약과 신약이라는 표현을 이해하게 되면 '계약'에 대해서 쉽게 알아들을 수 있다. 46권의 구약 전체는 '옛 계약', 신약 27권 전체는 '새 계약'의 내용과 그 내용대로 살았던 이들의 삶을 폭넓게 소개하고 있는 계시들이다. 달리 말하면 구약성서 전체는 구원을 주시겠다는 약속에 직결된 내용으로 되어 있는 '옛 계약'을 살았던 사람들, 그리고 그 계약을 살라고 가르치고 증거했던 이들과 그 역사이자 그에 대한 철저한 믿음을 바탕으로 계시된 내용을 알아들었던 것을 기록한 책이고, 신약성서 전체는 구원을 해 주셨다는 내용으로 되어 있는 '새로운 계약'을 살았던 사람들, 그 계약을 살라고 가르치고 증거했던 이들과 그 역사이자 그에 대한 철저한 믿음을 바탕으로 계시된 내용을 알아들었던 것을 기록한 책이다. 한마디로 구약과 신약성서는 계시의 책이자 계약의 책이다. 그 계약들은 '준비'와 '완성'의 관계에 있다. 그 책들 안에서 드러나는 바와 같이 '옛 계약'은 아브라함으로부터 야곱을 거쳐 준비해 오던 것을 모세를 통하여 이루신 출애굽 사건(파스카 사건)의 절정인 시나이 산에서의 계약을 말하고 '새로운 계약'은 다름 아닌 예수님께서 12제자와 함께 예루살렘 다락방에서 이 지상에서의 마지막 식사 그리고 십자가에서의 죽으심을 중심으로 현실화되는 파스카 사건 때 이루신 계약을 말한다.[46] 그래서 옛 계약의 '구원에 대한, 생명에 대한 약속'은 새 계약 즉 '구원에 대한 보증, 생명에 대한 보증'으로 완성된 것이다. '생명에 대한 약속'이 '생명에 대한 보증'으로 완성되는 면을 다음의 '죄의 사함 부분'에서 확인할 수 있겠다. 그런데 그 완성된 면은 완전하다. '영원한 것'이기 때문이다. 그 후 더 이상의 새로운 계약이란 있을 수 없게 된다.

결국 우리에게 주시는 주님의 깨우치심은 '계시의 책, 계약의 책 그래서 말씀사건에 관한 책인 성서는 성체성사와 불가분의 관계에 있는 것' 즉 생명과 평화를 얻어 누리기 위해서는 그 양자의 삶을 살아야 할 것임을 확인시켜 주시는 것이라고 볼 수 있다. '피의 잔'에 대해서는 다음에서 살펴보고자 한다.

- **"죄를 사하여 주려고 너희와 모든 이를 위하여 흘릴 피다"**

'죄를 사하여 주려고'라는 말씀을 통해서 인류의 '원죄'와 그 '결과'의 무력화를 실현하시고자 한다. 원죄는 아담과 하와 이후 인류에게 유산으로 전해진 것이었고 그 결과인 죽음 역시 인류에게는 결코 겪고 싶지 않은 과정이었다. 그 어떤 인간도 피하거나 뛰어넘어 갈 수 없는 그야말로 거쳐야만 하는, 도대체 비켜갈 수 없는 하나의 과정이었다. 그것은 '옛 계약'으로써도 행해지지 않았던 일이다. 따라서 '원죄'의 사함은 바로 우리 주님 예수 그리스도께서 맺어주시는 '새로운 계약'으로써 비로소 실현되는 일이다.[47] 여기에 주님께서 당신 스스로 요한에게서 '세례'를 받으시고 다른 이들에게는 '성령과 불로 세례'를 베푸시는 이(마태 3,11이하; 마르 1,8; 루카 3,16;

요한 1,33)인데 바로 그분이 베푸시는 세례를 받은 이들은 '원죄'의 사함을 받게 되고 곧이어 나아가 받아먹게 되는 그분의 '몸과 피'로써 그 효과를 지속적으로 누릴 수 있다는 뜻이다. 아닌 게 아니라 그분 자신이 요한으로부터 세례를 받으신 후 직접 세례를 베푸시지는 않았다 해도 당신 제자들에게는 세례를 베풀도록 용인하셨음을 알게 해주는 모습(요한 3,22과 28; 4,1-2) 안에서 '세례'가 '죄 사함'을 위해서 근본적인 것임을 확인하게 된다.

그런가 하면 '원죄'의 사함 이후에 되풀이할 수 있는 현실적인 '잘못' 즉 '본죄'에 관한 것도 마찬가지로 알아들을 수 있다. '세례'와 '견진' 그리고 '성체'의 세 가지 입문성사의 실제적인 모습 안에서 이해될 수 있는 그분의 깨우치심인 것이다. 지금도 바로 그 입문성사의 모습을 현실적으로 살아가도록 강하게 권고하고 있는 것이 교회의 입장이다. 물론 '견진'의 경우는 달리 알아들을 필요가 있음도 알아야 한다. 그런가 하면 '성체성사의 삶'은 지속적으로 '화해'의 성사를 통하여 이어질 수 있음도 알아야 한다. '화해의 성사' 이후 나아가 받아먹게 되는 그분의 '몸과 피'는 그 효과를 명백하게 드러내 준다는 뜻으로 알아들을 수 있다. '죄의 사함이라는 효과를 명백하게 드러내 주는 성체성사'에로 나아가는 것은 여타의 성사들의 경우에도 마찬가지이다. '혼인과 신품 그리고 병자의 성사도 결국 성체께로 나아가게 해 주는 성사들'인 것이다. 결국 '생명을 얻어 누리게 되는 것은 죽음 즉 죄의 결과인 죽음으로부터 자유로워지는 것을 말하는데 그것은 곧 성체성사, 모든 성사들이 나아가야 할 도착점이자 정점인 바로 그 성사를 통해서라는 것'을 알게 된다.

바로 이러한 의미에서 그분이 승천하시기 전에 모였던 11제자들에게 "너희는 가서 이 세상 모든 사람들을 내 제자로 삼아 아버지와 아들과 성령의 이름으로 그들에게 세례를 베풀고 내가 명한 모든 것을 가르쳐라"(마태 28,29-20) "성령을 받아라. 누구의 죄든지 너희가 용서해 주면 그들의 죄는 용서받을 것이고 용서해 주지 않으면 용서받지 못한 채 남아있을 것이다."(요한 20, 22)라고 하신 말씀을 알아들을 수 있다.

어쨌든 '죄 사함'은 근본적으로 '성사를 통해서 이루어지는 일'임을 깨우쳐 주시는 것으로 보아야 한다. 그런데 그 성사가 이루어지고 행해지는 현장은 언제나 전례의 시공이다. 그리고 그 전례는 늘 '성체성사'를 그 핵심으로 하고 있다. 그렇다면 '성체성사야말로 죄 사함의 결정판이자 완성판'이라고 말할 수 있다. 바로 여기에서 우리는 우리의 삶 자체가 '전례의 삶이 되어야 한다'는 것을 확인하게 된다. 그리고 그 삶은 그러한 삶을 맛보지 못한 이들과도 더불어 나누어져야 한다는 것 즉 선교되어져야 한다는 것도 확인한다.

'너희와 모든 이를 위하여'라고 하심으로써 앞에서 '위하여'에 대하여 살펴 본 바와 같이 그 '위한 이'가 금후 당신의 직제자들을 필두로 이 세상에 있는 온 인류를 그 대상으로 하고 있다는 것을 밝혀주신다. 이제 예수 그리스도께서 형성하신 믿는 이들의 공동체, 회중인 교회는 이 세상 온 인류를 위한 모범적인 회중교회가 되어야 할 것이다. 그리하여 공동체이자 회중인 교회만이 아니라 교회 안에 들지 못한 이들까지도 망라하여 '위한 이'가 되신다는 뜻이다. 그것은 곧 생명의 확산, 구원의 확산, 그래서 성체성사의 선포 즉 선교를 의미한다.

'흘릴 피'는 생명을 상징하는 피를 흘림으로써 흘리게 될 장본인이신 예수님의 죽음이 예고되고 그분 한 사람의 죽음이 하느님으로부터 스스로 격리되어 죽음으로 향하고 있는 이 그리고 하느님을 모르는 채 갈 수 밖에 없는 길로서의 죽음을 향하고 있는 인류의 운명을 상쇄시켜 생명을 얻어 누리게 해 주기 위한 희생이라는 사실을 일깨워 주신다.[48] 한 마디로

'흘릴 피'는 '희생의 피'다. 그것은 '새로운 계약'을 맺는 피인 것이다.[49]

- **"너희는 나를 기억하여 이를 행하라"**

'너희는'이라는 말씀은 앞에서 언급하신 '모든 이'와는 달리 예수님의 직제자들을 중심으로 한 교회를 일컫는 것임을 알 수 있다. 온 인류까지 포함하여 '죄의 사함을 위한 희생의 피'에 관한 제사적 실천은 결국 온 인류가 세상이라는 제단을 중심으로 거행해야 할 제사이긴 해도 우선적으로는 교회 공동체가 늘 함께 모여 에워싸는 제단을 중심으로 거행해야 할 제사를 의미한다.

'나를 기억하여'[50]라는 말은 '아남네시스'라는 말의 뜻을 알게 될 때 확실하게 이해할 수 있다. '아남네시스'[51]라는 헬라어는 우리가 보통 '기억, 회상 혹은 기념'이라는 말로 옮겨 쓴다. 그러나 우리말로 '기억'이라고만 할 경우 그 원뜻이 올바로 이해되지 않을 수 있다. 우리는 그 '기억'이라는 말로써 그 무엇인가 머릿속에, 생각으로 남아 있는 것을 되살린다고 알고 있지 않은가? 그러다 보니 평소에 기억이 되지 않으면, 기억이 나지 않으면 그냥 잊어버리고 마는 그러한 정도로 '기억'이라는 말을 알아듣기 때문이다. '회상과 기념'이라는 말들도 경우는 비슷하다. '돌이켜 생각하는 것과 뜻깊은 일이나 사건을 잊지 않고 마음에 새김'으로 알아들을 수 있는 그 말들은 결국 '생각과 마음에 새김'이라는 것에 역점이 두어지는 것이기에 '생각나면 하고 그렇지 않으면 하지 않을 수밖에 없는 회상'으로 또 '마음에만 새겨두는 것만으로 그 행위가 완수되는 기념'으로 오해될 수 있기 때문이다.

하지만 '아남네시스'는 그런 정도가 아니다. 그것은 전인격적으로 어마어마한 충격을 가하는 일이기에 결코 잊거나 잊혀서는 안 되는 것을 뜻한다. 그러한 충격을 받은 인격은 그 충격을 일상적으로 살아가지 않을 수 없다. 아남네시스는 바로 그러한 것을 말한다. 한마디로 삶을 통해서 전인격적으로 실현하며 살지 않으면 안 되는 것이 그것이다.

예로써 사제생활을 30년을 하고 있는 이들, 그리고 결혼하여 총각·아가씨였던 이들이 첫 자녀를 낳은 후 부모(아빠·엄마)가 된 이후 30년을 산 이들은 바로 그 아남네시스를 살아가고 있는 것이다. 단지 '기억'으로 살아간다면 오늘은 사제(부모)로 내일은 기억이 나지 않으니까 평신도(총각·아가씨)로 또 일주일쯤은 사제(부모)로 그리고 한 달 정도는 평신도(총각·아가씨)로 살아가는 그러한 식이 아닌 것이다. 그들은 오로지 일상을, 매일을 전 존재가 사제(혹은 부모)인 그러한 실재로 살아가고 있는 것이다. 사제가 되기 전, 부모가 되기 전으로부터 사제가 된 후, 부모가 된 후의 전인격적인 전환이 이루어진 그러한 삶을 살아가는 것이 그 '아남네시스'인 것이다. '아남네시스'는 일상을 전인격적인 삶으로 사는 것을 말한다.

그래서 '이를 행하라'[52]라는 말씀은 바로 그 '아남네시스'의 삶을 전인격적으로 살라는 강한 명령으로 알아들을 수 있다. 한 마디로 그 말씀은 전인격적으로 전환된 삶 즉 투신의 삶을 요청한다. 따라서 미사를 기억나면 하고 기억나지 않으면 안하는 것이 아니고 성체성사를 생각나면 행하고 생각나지 않으면 행하지 않는 것이 아님을, 성체배령을 마음으로만 새겨두는 것으로 하는 그러한 것이 성체성사의 존재이유가 아닌 것임을 알게 해준다.

결국 우리는 주님께서 위에서 하신 말씀을 통해서 우리로 하여금 전례의 삶을, 성체성사의 삶을, 구체적으로는 일상적인 성사 즉 고해성사와 성체성사의 삶을 전인격적으로 전환된 삶, 그리스도인으로 전환된 삶을 살아가는 이답게 살아야 한다고 깨우쳐 주시는 것임을 확인하다. 그것이 바로

그리스도인의, 그리스도인들의 공동체인 교회의 삶의 원천이자 힘이다.[53]

요약과 반성

"너희는 모두 이것을 받아 먹어라."라는 말씀을 통해서 알게 되는 것은 첫째, 당신이 설정하신 공동체는 의인만이 아니라 죄인이 될 가능성이 있는 이 그리고 심지어 죄인들도 안아 들이는 교회라는 사실 그리고 둘째, 그러한 교회공동체이기에 회중은 항상 생명을 얻어 누리고 그 생명을 활성화시켜야 하는 운명에 놓여 있다는 사실 셋째, 그런데 그러한 운명은 현실적으로 생명의 나눔, 생명활성의 삶을 생활해야 한다는 사실이다.

그러나 성체성사는 오직 의인들을 위하여 있는 것이 아니다. 그들은 이미 생명살이를 잘 하고 있는 이들이기 때문이다. 그래서 예수께서는 의인을 부르러 오신 것이 아니라고 말씀하셨다. 성체성사는 바로 죄인들을 위해 있는 것이다. 죄인들을 생명에로, 생명활성의 삶을 살도록 해 주기 위한 것이다.

여기에서 우리는 다음과 같은 질문을 우리 자신들에게 해 보아야 마땅하다. 우리들은 여전히 의인이라고 생각하고만 있는가? 우리 가운데 죄인은 한 사람도 없는 것인가?

"이는 너희를 위하여 내어 줄 내 몸이다."라는 말씀과 "너희는 모두 이것을 받아 마셔라."라는 말씀을 통해서 알게 되는 바 "너희는 모두 이것을 받아 먹어라."라는 말씀이 첫째, 당신 자신의 강생의 신비 안에서 드러나는 것처럼 '절대 이타적인 실재'이며 철저히 '위한 몸'인 '내어 줄 당신의 몸'을 받아먹음으로써라는 사실로 가능하다는 것이다. 그런데 그것은 놀랍게도 빵과 포도주를 당신의 몸과 피가 되게 하는 성사적 방법으로써라는 사실이다.

따라서 우리는 '이타적인 실재'로써 '위한 몸', '내어 줄 당신의 몸'이 오로지 '나만'을 위한 것이 아니라는 것을 확실히 알아야 한다. 그분은 '나 아닌', '다른 이들 모두'를 위해서도 당신의 몸을 내어 주신 분이시다.

그러므로 나는 '그리스도의 몸'을 받아먹어 내가 그분 안에서 살고 그분은 내 안에서 사시는 분(요한 6, 56; 갈라 2, 20)이라고 여기듯이 나 역시 다른 이들을 대할 때 그렇게 여겨야 한다. 요컨대 성체성사를 받아먹은 이들이라면 누구나, 나는 물론 다른 이들 모두, 자신의 얼굴을 통해서 드러나는 것은 바로 그리스도의 얼굴이라는 사실을 결코 잊어서는 안 되는 것이다. 아니 비록 성체성사 배령으로 그리스도와 하나 되어 있는 이가 아니라 해도 인간이면 누구나 하느님의 모상이라는 근본적인 진리를 인정만 한다면 그 누구든 그리스도의 모습을 드러내는 이라는 평범한 사실을 잊어서는 안 되는 것이다.

그리고 그러한 우리로서 다른 이들이 그가 누구이든 나에게 정말로 필요로 하는 것을 요청할 때 그에 대한 응답으로 아주 적은 것 혹은 작은 것만을 넘겨 건네주고, 내어주면서도 짐짓 다 넘겨 건네주고 내어준 것처럼 너스레를 떨어서는 안 되는 것이다. 바로 여기에서 우리는 다음과 같은 질문을 우리 자신에게 해보아야 한다.

우리는 다른 이들을 대할 때 진실로 그리스도의 얼굴로 보면서 대해 왔던가? 다른 이들이 나에게 요청하는 것이 그리스도께서 나에게 요청하시는 것으로 확신하고 있는가?

"이는 새롭고 영원한 계약을 맺는 내 피의 잔이니"라는 말씀을 통해서 알게 되는 것은 바로 그것이 다름 아닌 '새롭고 영원한 계약을 맺는 행위'

즉 '전례 행위'라는 사실이다.

'새롭다'라는 것은 그 어떤 것이든 '있었던 것'을 전제로 한다. 그러기에 여기에서 '신약'을 뜻하는 '새로운 … 계약'이라는 것은 '옛적의 계약' 즉 '구약'을 전제로 한다. 그런데 이 '신약'은 '영원한 것'이다. 즉 '완전한 것'이다. 그렇다면 '구약'은 완전하지 못한 면이 있었다고 보아야 한다. '영원한 것'이 아니었기 때문이다. 따라서 '구약'은 '신약'을 통하여 완전하게 되어 영원한 것이 되었다. 그러기에 구약은 구약으로서 준비되어 온, 신약을 향하여 마련된 '계약'으로써 그 몫을 다하고 '신약'은 영원한 것으로서 완전한 것이 되어 '주어진 계약'이 되는 것이다. 그리고 이 '주어진 계약'은 '전례'로써 행해져야 할 몫이다. 그 전례행위는 완전하지 못했던 구약, 준비되어 온, 마련되어 온 것으로서의 몫만을 그 기능으로 하는 것이었기에 완전한 것이 아니었다. 하지만 신약으로서의 전례는 완전한 것이다. 영원한 것이기 때문이다. 그리고 그 전례는 성체성사를 핵심으로 한다. 여기에서도 다음과 같은 질문을 우리 자신에게 해 보아야 한다.

우리는 오늘의 전례에 얼마만큼 정성스럽게 참여하고 있는가? 전례를 위한 나의 모습은 어느 정도로 진지한 것인가? 그리고 성체성사를 핵심으로 한 전례와 말씀사건, 계시사건, 계약사건을 정리한 성서의 불가분성 안에서 우리의 삶은 생명을 얻어 누리는 평화를 선물로 누리는 것이 되어야 하지 않겠는가?

"죄를 사하여 주려고 너희와 모든 이를 위하여 흘릴 피다."라는 말씀을 통해서 알게 되는 것은 "이는 새롭고 영원한 계약을 맺는 내 피의 잔이니"라는 말씀을 통해서 알게 된 '전례 행위'가 다름 아닌 성사를 근간으로 한 전례행위라는 것, 그것은 '죄의 사함'으로 말미암아 구원 즉 생명을 얻어 누리는 생활방식이라는 것으로서 그 중심은 언제나 '희생제사'라는 사실이다. 따라서 그 희생제사는 의인과 죄의 가능성 그리고 죄의 상태에 있는 이들의 공동체인 교회를 비롯하여 온 인류를 위한 것 그러기에 여전히 교회 밖에 있는 이들을 위한 선교행위가 되어야 한다는 사실이다.

그 선교행위는 세례로부터 시작하고 (견진성사로 견고해져) 성체성사로 나아가며 일상생활 중에 화해의 성사로서 성체성사의 삶을 지속적으로 살아가는 삶의 방식을 다른 이들과 나누고자 하는 행위이다. 여기에서 '죄의 사함'의 전례행위 즉 성사를 근간으로 한 선교행위가 요청된다는 것을 알게 된다.

구약으로 인하여 이루어지지 않았던 일 즉 '원죄와 본죄'의 사함이 신약으로 인해서 일어나는데 그것은 바로 신약이 완전한 계약, 영원한 계약 그래서 더 이상의 계약은 없는 신약이기 때문이고 또한 그것은 성사로 인하여 일어나는 일의 놀라움이라는 사실이며 아울러 바로 그 사실이 모든 이에게 넘겨 건네지고 나누어 져야 한다는 것이다. 한마디로 선교행위가 되어야 한다는 것이다. 역시 다음과 같은 질문을 우리들 자신에게 해보아야 할 것이다.

우리는 어느 정도로나 성사를 근간으로 한 전례생활, 그것도 희생제사인 성체성사를 근간으로 한 전례생활에 충실해 왔는가? 그것이 선교행위로 이어져야 한다는 것을 자각하고 있는가?

"너희는 나를 기억하여 이를 행하라."라는 말씀을 통해서 알게 되는 것은 바로 결론부분인데 그것은 그 '희생제사로서의 전례 행위'는 예수 그리스도께서 그렇게도 믿음을 강조하시며 가르치시고 보여주시고 따라하라고 요청하셨을 때 바로 그 믿음을 토대로 그렇게 하겠다고 늘 확언했던 이들의 회중인 교회공동체에게 하라고 하신 것이기에 첫 번째이자 단 한번이었던 행위임에도 불구하고 영속됨으로써 제물이 되신 분의 그 제물의 몫을, 제관이셨던 분이 행하신 그 행위에 그분의 대리자다운 제관으로서의 행위로써 나누게 된다는 사실이다.

그런데 우리는 그 제관됨이 직무적인 것과 보편적인 것을 망라한다는 사실을 알아야 할 것이다. 그리고 그것은 그리스도인인 우리가 이루는 교회공동체의 삶의 방식이기에 투신을 요청하는 것이지 잠정적이거나 일시적인 것이 아니라는 것도 명확하게 알아야 한다. 달리 말하면 그것은 그분의 유언 봉행에 관한 일이다. '아남네시스'는 바로 그것을 요구하는 표현이다. 그것은 결코 '기억나면, 생각나면 행하고 마음에 새겨두기만 하면 되는 그러한 것'이 아니다. 그래서 우리가 우리 자신에게 해야 할 질문은 다음과 같다.

과연 우리는 성체성사를 근간으로 하는 미사에 생각나면 가고, 기억나면 행하고 생각나지 않으면 안가고 기억나지 않으면 행하지 않는 그러한 무엇으로 여겨오지 않았던가?

결어

신앙의 눈으로 본 성체성사의 통시적인 의미는 '하느님께서 인류에게 부활자 생명을 나누어 주시어 구원을 얻어 누릴 수 있도록 해 주시려는 계획과 계약을 통한 그 실현을 위한 축복·청원으로서의 희생제사이자 감사제사'라는 것으로 드러난다. 그것은 전례다. 그리고 성체성사를 근간으로 한 전례를 우리는 '미사'로 통칭한다. 그 미사야말로 우리 인류에게 '생명을 얻어 누리게 해 주고 그래서 평화를 살아가게 해 주는 원천이기에 세상을 비추는 빛'이다.

여기에 교회는 2003년 4월 17일 교황 요한 바오로 2세께서 내놓으신 회칙 '교회는 성체성사로 산다'를 통해서 '성체성사는 신앙의 신비이자 빛의 신비이다.'(7항)라고 간결하게 규정하는 가운데 성체성사는 교회를 세우는 성사라고 말하면서 그 이유를 첫째, 성체성사는 교회의 사도 전래성을 확인하게 해 주는 증거판이기 때문이고 둘째, 성체성사로 교회의 친교는 더욱 현실적이면서도 가시적인 것이 되기 때문이라고 설명해 주었다.

그래서 성체성사야말로 우리 그리스도인들 모두 즉 교회의 삶의 중심이자 현장이라고 말해야 옳다. 그런데 성체성사를 중심자리에 두고 있는 전례는 미사다. 따라서 성체성사 없는 교회는 없다. 그렇다면 미사 없는 교회 역시 없는 것이다. 그러기에 교회의 삶을 살아가는 그리스도인의 삶의 자리는 미사임에 틀림없다. 그리고 성체성사가 참 생명을 살게 해 주는 '먹을거리'로써 그로 인하여 참 생명 살이, 멋진 생명 살이, 제대로 된 생명 살이를 하게 해 줌으로써 구원을 체험하게 해 주는 것이라면 그 성체성사야말로 빛이다. 그래서 미사가 또한 빛이다.

빛은 등경 위에서 빛나야 한다. 골고루 나누어져야 한다. 나누어 건네지고 넘겨져야 한다. 빛이신 예수 그리스도, 성체성사이신 예수 그리스도, 성체성사로 인하여 빛이 된 교회! 예수 그리스도의 추종자 공동체인 우리들 모두의 몫은 나누어지고 건네짐으로써 없어져(죽어) 버리는 것 같으나 나누어진 채로 먹혀져 먹은 이들로 하여금 새 생명 살이를 제대로 하게 해 주신 그분의 몫을 우리의 것으로 하는 것이다. 그 몫을 훌륭하게 수행할 때 우리 모두는 교회로서 빛의 역할을 옳게 하게 된다.

이러한 면에서 오늘의 그리스도인들, 즉 교회인들에게 크게 도움이 되는 내용으로 성 막시무스 아빠스가 탈라시우스에게 전한 「답변서」에서 해 주신 말씀으로써 이 부분을 마무리하고자 한다.

"등경 위에 놓인 등불이란 '이 세상에 오는 모든 삶을 비추는' 아버지의 참된 빛이신 우리 주 예수 그리스도이십니다. 그분은 우리에게서 육신이라는 등불을 취하시어 등불이 되시고 등불이라는 이름으로 불리셨습니다. … 하느님의 말씀이 복음서에서 말하는 것처럼 그분은 집 안에 있는 사람 즉 이 세상 모든 사람들을 비추어 주는 빛이십니다. "등불을 켜서 됫박으로 덮어주는 사람은 없습니다. 누구나 등경 위에 얹어둡니다." 그러므로 하느님의 말씀께서는 본성상 하느님이시면서 당신의 빛을 확산시키기 위해 사람이 되셨기 때문에 당신 자신을 등불이라 일컬으십니다.

그리고 내 생각으로는 위대한 다윗은 주님을 등불이라 일컬을 때 이 점을 염두에 두고 있었다고 봅니다. "당신의 말씀은 내 발의 등불, 나의 길을 비추는 빛이오이다." … 이 때문에 성서는 그분을 등불이라고 일컫고 있습니다.

이 태양께서는 등불처럼 온갖 무지의 어두움을 몰아내시고 죄악과 악행의 암흑을 없애버리시어 모든 이에게 구원의 길이 되어 주셨습니다. 그분은 하느님의 계명을 지킴으로써 의로움의 길이신 당신을 따르기로 작정하는 모든 이를 덕과 지혜를 통해서 아버지께로 이끄십니다. 그분은 또한 성교회를 등불이라 부르십니다. 이는 교회 안에 복음 전파를 통하여 하느님의 말씀이 빛나 그 말씀이 자기 집인 듯이 이 세상에 사는 이들을 진리의 광채로 조명하고 모든 이의 마음을 하느님의 마음에 대한 지식으로 채워 주기 때문입니다.

말씀은 됫박 아래 놓이는 것을 허락하지 않습니다. 말씀은 제일 높은 등경 위에 즉 교회의 가장 귀중한 곳에 놓여 져야 합니다. 말씀이 됫박인 율법의 문자 아래 감추어져 제한된다면 모든 이에게서 영원한 빛을 빼앗게 됩니다. … 그러나 등경인 교회에, 말하자면 영과 진리로 하느님을 예배하는 교회에 놓인다면 그것은 모든 이를 비추어 줄 것입니다.

그러므로 영적 관조와 활동으로 말미암아 밝힌 등불을(지식의 빛을 밝혀주는 이성의 등불을 뜻합니다) 됫박 밑에다 두지 않도록 합시다. 헤아릴 수 없는 지혜의 힘을 문자로 말미암아 제한시키는 죄과를 범치 않도록 합시다. 그것을 교회라는 등경 위에다 놓아, 참된 관조의 정상에서 모든 이에게 신적 가르침의 빛을 발산토록 합시다."[54]

❧❧❧

 '필사즉생(必死卽生) 필생즉사(必生卽死)' 그리고 살신성인의 자세로 상당히 '그리스도교적 위한 삶'을 '죽기로' 살고자 했던 우리조상. 그러기에 그리스도교 신앙을 쉽사리 받아들여 적극적으로 그러한 삶을 살고자했던 우리 신앙선조의 '참 그리스도교적 위한 삶'을 오늘에 살고자 하는 우리들이라면 신앙인이자 교회인으로서의 우리 자신의 정체에 걸맞은 우리의 의식을 행동으로 또 행위로써 표출하며 살아야 할 것이다. 우리를 그리스도인이자 교회인으로 있게 하고 또 그리스도인이자 교회인답게 자각하며 살아가게 해 주는 전통, 정통 신앙은 줄기차게 '실천이 없는 믿음은 죽은 것'(야고 2,14-26)이라고 외치고 있기 때문이다.

 따라서 오늘의 한국 그리스도인들에게 실천신앙, 실천신심을 현실적으로 살아가는데 도움이 될 수 있는 몇 가지 생활영성 지침을 다음과 같이 결론으로 제시할 수 있겠다.

 하나, 행동으로 표현하는 우리의 의식은 우리의 구원이신 분으로 채워져 있는 것이어야 한다. 예수 그리스도 바로 그분께 대한 확신으로 차 있는 것이어야 한다. 그 의식과 확신은 성체성사 안에서 확인된다. 그래서 성체를 먹고 사는 삶 즉 먹고 희생으로 나누어 넘겨 줌(죽음)으로써, 다 같이 하나 되어 한 생명을 누리는 삶을 살아감으로써 구원을 실감하며 생활하는 우리들이어야 한다.

 하나, 우리는 죽어야 산다는 것을 잘 안다. 다른 이들을 '위하여 죽어야 산다'는 것을 우리의 생명 살이 중에 실감하고 있다. 그러나 '전적으로 위하여 죽음으로써' 구원을 제대로 실감한다는 것을 잘 알아야 한다. 그것이 제대로 된 생명 살이, 참 생명 살이를 하는 것임을 정말 잘 알아야 한다.

하나, 구원의 실감은 성체성사를 통해서다. 성체성사는 전례의 중심이다. 그 전례가 미사다. 그래서 미사로서 사는 삶이야말로 곧 성체성사의 삶인 것을 확인하게 된다. 성체성사의 신비가 미사 안에서 이루어지기 때문이다. 그래서 미사는 오늘의 그리스도인들에게 삶의 자리여야 한다.

하나, 그리스도인이자 교회들에게 삶의 자리인 미사, 그 미사의 중심에 위치한 성체성사는 신앙의 표현시공이다. 실천신심의 현실이 그것이다. 미사야말로 생활영성의 가장 적극적이고 현실적인 실상인 것이다. 미사의 삶을 일상적으로 살아야 하겠다. 성체성사의 삶을 일상적으로 살아야 하겠다. 예수 그리스도께서 당신의 몸과 피인 성체성사로써 실현하신 것을 당신 추종자들에게 행하도록 명령하신 그대로 성체성사를 먹고 죽어야 사는 것임을 온 세상에 증거해야 하겠다. 그것이 우리의 신앙을 증거하는 일이다. 성체성사, 먹고 죽어야 한다! 그래야 사람답게 살아갈 수 있다. 그래야 나누어진 빛의 몫을 할 수 있다.

주—

1) "凡兵戰之場, 止屍之地, 必死卽生, 幸生卽死" 즉 "본디 전쟁터란 생명이 위험한 곳이므로 죽을 각오로 싸워야만 생명을 부지할 수 있고 살고자 하면 목숨을 잃게 된다."
2) 『논어』「위령공편(衛靈公篇)」에 있는 말을 사자성어로 만든 것.
   志士仁人(지사인인) – 높은 뜻을 지닌 선비와 어진 사람은
   無求生以害仁(무구생이해인) – 삶을 구하여 '인'을 저버리지 않으며
   有殺身以成仁(유살신이성인) – 스스로 몸을 죽여서 '인'을 이룬다
3) 제자의 길, 추종자의 삶의 방식에 관하여 "나 때문에(혹은 위하여) 죽으면 살리라"는 예수 그리스도의 말씀(마태 10,39과 16,25 그리고 그 병행 및 요한 10,17과 12,24-25)참조; Wolfgang Trilling, *The Gospel According to St Matthew for Spiritual Reading*(London : Sheed and Ward, 1969), p.194~195, 306-7; Alois Stöger, *The Gospel According to St Luke for Spiritual Reading*(London : Sheed and Ward, 1977), p.175~176 참조
4) 권석만,「심리학의 관점에서 본 욕망과 행복의 관계」(서울대학교 철학사상연구소: 철학사상, 2010)
5) 그분의 지상생애를 33년으로 한정하는 것은 다만 생활영성을 위한 사목적인 차원이다. 그분의 생몰 연대에 관한 탐구에 큰 도움이 되는 자료로 John P. Meier, *A Marginal Jew: Rethinking The Historical Jesus Vol. I*(New York: Doubleday, 1991), p.372~382, 401~409 참조
6) 성서학자들이 대체로 동의하는 성서상 숫자의 의미로 볼 때 33은 완전한 숫자다. 예수께서 지상생애를 사신 기간이 33년이라는 의미는 '한 인간으로서 완전하게 사신 기간'을 뜻할 수 있다. 성서상 숫자의 의미는 이렇다.

   1 - 절대 유일(신명 6,4)
   2 - 증언과 후원(창세 1,16; 탈출 25,22; 마태 26,60; 10,1)
   3 - 완성, 완전, 일치(호세 6,2; 마태 12,40; 루카 13,7; 요한 2,19)
   4 - 땅에 관련됨(다니 7,3; 마태 13)
   5 - 은총과 결합됨(창세 43,34; 마태 14,7)
   7 - 신적 완전, 완성(창세 2,2; 탈출 21,2; 시편 12,6; 마태 18,22; 루카 8,2)
   12 - 신적 통치, 하느님의 권위와 완성, 완전(마태 10,2-4; 묵시 7,21, 12-14) 등

   성서의 수 개념에 대해서 정태현,『성서입문』(한님성서연구소, 2000), p.215~218과 레옹 뒤푸르,『성서신학사전』J. de Fraine, P. Grelotd의 '수'(광주가톨릭대학교 출판부, 2003), 511~513참조. 그리고 고대 문명지역에서의 상징체계에 대해서 J. C. Cooper, *Symbolism The Universal Language*(The Aquarian Press: Wellinborough,

Northeamptonshire, 1982) 특히 숫자의 상징성에 대해서 p.107-114 참조

7) 공생활 이전의 예수의 삶에 대한 직접적인 보도는 예수께서 12살 때 부모와 함께 예루살렘 순례를 갔다가 부모와 헤어졌으나 재조우한 후 나자렛으로 귀환한 사건(루카 2,41-52) 이전의 것들만 있다. 따라서 어떤 삶을 살았는지 알 수 있는 것은 간접적인 보도를 통해서이다. 예로써 나자렛으로 귀환한 다음의 삶이 '지혜와 키가 자랐고 하느님과 사람들의 총애도 더해간' 것이었을 때 그것은 다만 예수가 그렇게 된 것만이 아니라 그 스스로 당시의 충실한 종교생활의 모습을 추측하게 할 정도로 하느님의 뜻에 따라 그리고 전통적인 가르침에 따라 하느님과 사람들을 향하여 충실하게 살았음을 표현하는 것으로 봐야 한다. 아울러 장성하여 요한에게 세례를 받으러 갔을 때 요한이 "제가 선생님께 세례를 받아야 할 텐데요." 하자 "지금은 이대로 하시오. 우리는 이렇게 해서 마땅히 모든 의로움을 이루어야 합니다."(마태 3,14-15) 하고 답변한 바를 통해서 그는 의로운 양부 요셉과 어머니 마리아의 모범적 삶과 교육 및 당시의 종교사회적 생활상의 영향 그리고 자신의 철저하게 하느님 향방으로 봉헌된 독신의 삶을 살아온 생활체험을 통해서 공생활 이전에 이미 '그 의로움'을 이루는 것이 자신이 깨달은 하느님의 뜻임을 밝히고 있다. 사도 바오로도 예수의 강생이유가 그 의로움 곧 온 인류가 실천적으로 하느님의 자녀됨을 실현시키기 위한 것으로 확인했었다(갈라 4,4-7). 어쨌든 예수께서 공생활 이전에 깨달은 하느님의 뜻의 구체적인 내용은 한마디로 그가 3년간 알려주고 보여주었던 언행을 통해서 종합될 수 있다. 안젤로 아마토(김관희 역), 『예수 그리스도』(수원가톨릭대학교출판부, 2012), p.797~859 참조

8) 예수의 의식형성을 위한 종교사회적 교육과 영향의 배경에 관하여 John P. Meier, 앞의 책, p.254~371, 특히 p.350~371; José Antonio Pagola, *Jesús Aproximación Histórica* (Madrid : PPC, 2013), p.49~71 참조. '예수의 인간으로서의 자의식과 하느님의 아들로서의 의식'에 관한 이해를 위해 안젤로 아마토(김관희 역), 앞의 책, p.785~796 참조. 예수에게 광야는 爲 혹은 反하느님을, 爲 혹은 反세상 그리고 인류의 구원을 결정하는 장소가 된다. Wolfgang Trilling, 앞의 책, p.43

9) 그곳에서 그분은 자신의 메시아적 역할과 아들로서의 임무에 대한 자신의 의식적인 반응을 시험하고자 한 것으로 보이는데 이때 유혹자는 그 기회를 이용하여 그분을 유혹하고자 했다. 히브 2,18; 4,15과 Witherington III, *Smyth & Helwys Bible Commentary Matthew*(USA: Smyth & Helwys Pub. Inc., 1984), p.89 참조

10) Witherington III, 앞의 책, 89~94; Richard B. Vinson, *Smyth & Helwys Bible Commentary Luke*(USA: Smyth & Helwys Pub. Inc., 1984), p.111-5 참조

11) 이 글에서 인용하는 성서의 구절들은 한국천주교회 주교회의에서 2005년에 발행한 '성경'의 것이다.

12) 공생활 이전에 깨달은 하느님의 뜻은 '의로움'을 이루는 것 곧 온 인류가 하느님의 자녀됨을 실현시키기 위한 것으로 확신했었음을 볼 수 있는데 그 실현의 구체적인 방

법은 실로 다양한 면모를 보인다. 하지만 궁극적으로는 하느님의 자녀됨 곧 구원을 목적으로 하는 것이었기에 다양한 면모를 보이는 방법 모두는 차츰 발전과 수렴과정을 거치면서 정리종합의 마무리 단계에 이르는 것이었음을 확인할 수 있다.

13) 세례자 요한이 기존의 쿰란 공동체와 그 공동체의 정결례에 관련이 있었을 것으로 보는 견해에 대하여 Witherington III, 앞의 책, p.107-8; John P. Meier, *A Marginal Jew: Rethinking The Historical Jesus Vol. II*(New York : Doubleday, 1991), p.25 그리고 예수께서 받은 세례의 의미에 관하여 p.106~116참조

14) 김혜숙,『요한복음 그 산에 오르다』(사람과 사랑, 2013), p.96~98 참조

15) 이 사건이 역사성 여부는 차치하고 요한복음의 저자는 '기적'을 '표징'으로 보기에 그 관점에서 드러내고 싶어 하는 의미를 찾는 것이 바람직하다. Leon Morris, *The International Commentary of the New Testament The Gospel According to John*(Michigan: WM. B. Eerdmans Pub. Co. Grand Rapids, 1984), p.174-177, 184-185; John P. Meier, 앞의 책, p.940-941;『한국천주교창립 200주년 기념 신약성서』(한국천주교주교회의 성서위원회 인준 보급판: 분도출판사, 1991), p.323 요한복음 2,11의 주 참조

16) 당연히 예수 이전에 먹을거리와 마실거리가 거저 제공된 사건들은 있었다. 예로써 광야에서 생활하던 이스라엘에게 먹을 수 있도록 오랫동안 하늘로부터 내려온 만나라든지 엘리아가 크릿 시내에서 지낼 때 까마귀가 날라다 준 음식을 먹고 가뭄 중 사렙타 과부에게 먹을거리 기적을 행한 일(1열왕 17,2-16)과 호렙 산으로 도피할 때 주님의 천사가 음식을 가져다 준 일(1열왕 19,1-8), 엘리사가 소금으로 물을 정화시킨 일(2열왕 2,19-22)과 과부의 기름병을 채워준 일(2열왕 4,2-7) 또 백 명을 먹인 기적(2열왕 4,42-44) 등

17) 전통적으로 남자는 만 13세에 Bar Mitzvah로 여자는 만 12세에 Bat Mitzvah로 '율법의 아들'이 되는데 그 '성인식'을 마치면 기회가 주어지는 대로 결혼을 할 수 있었다. 결혼축제는 7일(판관 14,2) 혹은 그 이상 연이을 수 있는데 그 분위기에서 노래와 음악(예레 16,9), 춤(아가 2,6) 그리고 상당 시간동안 먹고 마시는 일(아가 2,4)은 당연하다. 롤랑 드보(이양구 역),『구약시대의 생활풍습』(대한기독교서회, 1983), p.68-78; 윌리암 콜만,『성경 시대의 상황과 풍습』(서울말씀사, 2000), p.113~122; Ralph Gower, *The New Manners and Customs of Bible Times*(Chicago : Moody Press, 1987), p.66-69 ; G. Kittel(ed.), *Theological Dictionary of the New Trestament, Vol I*, trans. by Geoffrey W. Bromiley(Michigan: Grand Rapids WM. B. Eerdmans Pub. Co., 1964), p.648; Leon Morris, 앞의 책, p.178~179

18) John P. Meier, 앞의 책, p.941

19) Leon Morris, 앞의 책, p.184; John P. Meier, 앞의 책, p.896, 934, 945

20) 당시 신앙체계에 일상적으로 관련된 전통과 관습의 토대인 유다종교를 그리스도교로 대체하는 과정에서 예수께서 행하신 가나에서의 표징은 그 시작이라고 볼 수 있겠다. John P. Meier, 앞의 책, p.945

21) 물고기들이 낮 시간대에는 호수의 물이 더워지기에 깊은 곳으로 들어가 버리지만 밤 시간대에는 시원해져 물 가까이 올라와서 먹이잡이를 하기에 어부들은 주로 밤에 그물질을 한다. 『한국천주교창립 200주년 기념 신약성서』, 앞의 책, p.402 요한 21,3 의 주;. R.C.H. Lenski, *The Interpretation of ST. Luke's Gospel I*(Minnesota: Augsburg Publishing House, 1946), p.278-280; Leon Morris, *The Gospel According to St. Luke*(Michigan: Grand Rapids Eerdmans Pub. Co., 1980), p.112

22) John P. Meier, 앞의 책, p.896

23) 그 점은 레위를 부르신 경우에도 마찬가지이다. 그분은 레위가 베푸는 큰 잔치에 참석하셨고 또 초대받은 아주 많은 사람들과 함께 '먹고 마셨다.'(루카 5,27-30) 어쨌든 그분은 줄곧 '먹을거리와 관련시켜 하실 일을 해 나가셨다.' 그렇게 일을 해 나가시는 모습은 사실상 그분의 공적인 활동 전체를 관통하는 하나의 맥을 이룬다.

24) John P. Meier, 앞의 책, 934-5, 950; Leon Morris, *The Gospel According to St. Luke*, p.167; Luke Timothy Johnson, *The Gospel of Luke, Sacra Pagina Series, Vol. 3*(Minnesota: The Liturgical Press, 1991), p.208-9; John T. Carroll, *Luke A Commentary, The New Testament Library*(Kentucky: Westerminster Jon Knox Press, 2012), p.208-209 참조

25) * 표시를 한 곳

26) 말씀하시거나 행동으로 보여주시는 전후의 시간과 장소가 거의 '먹어야 하고 마셔야 하는' 상황이었음을 알 수 있다. 가령 제자들 무리에 속해 있었던 마르타와 마리아가 스승 예수를 식사에 초대하여 집에 모셨을 때 일어난 일(루카 10,38-42 "실상 필요한 것은 한 가지 뿐이다" 하고 말씀하신 일), 예수의 소문만을 듣다가 처음으로 대할 기회를 가지게 된 예리고의 키 작은 세관장 자캐오가 그분과 조우하게 되었을 때 발생한 일(루카 19,1-10 "오늘 이 집은 구원을 얻었다"고 들은 일)을 예로써 들 수 있다. 요컨대 그분은 하느님의 뜻인 의로움을 현실 안에서 구체적으로 실현함으로써 당신 자신이 '생명, 구원 그래서 빛'이심을 세상 사람들에게 일깨워주시려는 것이 당신의 강생이유이자 목적임을 증거하기 시작했다. '먹을거리'를 통해서 그렇게 하셨다.

27) 비록 유다인들이 일상적으로 음식을 먹기 전에 취하는 행동이긴 하나 그로 인하여 일어나는 일은 전혀 달랐다. 당신 자신만이 할 수 있는 표현을 하신 것이다. Walter Schelkle, *The Epistles to the Corinthians for Spiritual Reading*(New York : herder and Herder, 1971), p.124; 정양모, 『마르코복음서』(분도출판사, 1981), p.158~159; 정양모, 『마태오복음서』(분도출판사, 1990), p.225~227; 임승필, 『루카복음서』(주교회의 성서위원회 : 한국천주교중앙협의회, 2001), p.222~223; Leon Dufour(ed.), 『성서신학사전』 P. Grelot,의 "성찬", p.470~472 참조

28) 역시 아래의 내용에 나오는 *표를 주목할 것.

29) 본문의 저술 선후가 어떻든 바울로의 전승과 공관복음서의 전승이 공유하는 내용을 엮어 본 내용이다. 주님의 성찬예식으로 이미 일정한 틀을 갖춘 (즉 정형화된) 전승이 전해지고 있었음을 알 수 있다. 박상래, 『고린토 전서』(왜관: 분도출판사, 1993), p.90

30) Alois Stöger, 앞의 책, p.436~441, 특히 p.437 참조

31) Wolfgang Trilling, 앞의 책, p.466~469 참조

32) Leon Dufour(ed.), 『성서신학사전』 A. George의 '유언', p.747~748 참조.

33) 명령은 해야만 하는 것으로 알아듣고 또 반드시 실행해야만 한다. Alois Stöger, 앞의 책, p.440

34) 엠마오로 가던 중에 발생한 일들은 전반적으로 미사의 원형으로 보인다. 그 구조와 기능면에서 말씀의 전례를 연상하게 하는 부분(루카 24,14-28)과 성찬의 전례를 연상하게 하는 부분(24,30-31), 마지막으로 파견선포를 연상하게 하는 부분(24,32-35)으로 구성되어 있다. 특히 복음서의 저자로서는 '그들과 함께 걸으셨고' 또 "저희와 함께 묵으십시오" 하며 요청하는 두 사람에게 '함께 묵으시려고 그 집에 들어가신' 예수님의 행동은 '임마누엘'(마태 1,23)의 전례적 체험을 그리고 최후만찬 때 성체성사 설립을 위해 예수께서 결정적으로 하신 말씀을 되풀이함으로써 성체성사가 부활자 생명을 나누어 주기 위한 먹을거리임을 천명하는 것으로 보인다. 체험자 두 사람이 하나의 실재를 각자의 마음이 아닌 한 마음으로 감동하였음을 표현하는 내용을 통해서 그 점을 이해할 수 있다. 정양모 역주, 『루카 복음서』(왜관: 분도출판사, 1983), p.217~221의 루카 24,13-35 주석; 임승필 편역, 『루카복음서』(주교회의 성서위원회: 한국천주교중앙협의회, 2001), p.244의 루카 24,30주석; R.C.H. Lenski, *The Interpretation of ST. Luke's Gospel III*(Minnesota: Augsburg Publishing House, 1946), p.1179-1195, 특히 p.1191-1192; Norval Geldenhuys, *The New International Commentary on the New Testamernt The Gospel of Luke*(Michigan, Grand Rapids WM. B. Eerdmans Pub. Co., 1983), p.634~635; Luke Timothy Johnson, 앞의 책, p.392~399; John T. Carroll, 앞의 책, p.480~490; Richard B. Vinson, 앞의 책, p.750~751 참조

35) 갈릴래아/겐네사렛을 일컫는다. 요한 6,1; 루카 5,1; Leon Morris, *The Gospel According to St. Luke*, p.112

36) 주 21 참조

37) 안젤로 아마토, 앞의 책, p.926~927 참조

38) 성체성사의 봉행명령

39) 1. 감사례 : 유다인들이 식사 중에 전통적으로 행하던 관습대로 예수께서도 Eucharistia(감사)와 Eulogia(축복)을 하나의 행위로 실천하셨기 때문이다. 2. 주님의 만찬 : 주님께서 직접 주도하신 최후의 만찬이자 어린양의 혼인잔치를 미리 행하셨

기 때문이다. 3. 빵을 나눔 : 유다인들의 전통적 관습대로 예수께서도 최후만찬 때 그렇게 하셨기 때문이다. 그래서 초기 그리스도인들도 그렇게 부르면서 행했다. 그리고 나누어진 유일한 빵으로 인하여 모든 그리스도인이 그리스도와의 친교로 하나가 된다고 믿었다. 4. 성찬모임 : Synaxis 즉 교회의 가시적인 표현인 신자들이 함께 모여 성찬례를 거행했기 때문이다. 5. 거룩한 희생제사 혹은 찬미의 제사 혹은 영적인 제사 혹은 깨끗하고 거룩한 제사라고도 부른다. 구약의 모든 제사를 완성하고 초월하기 때문이다. 그래서 한 마디로 미사성제라고 한다. 6. 성스럽고 신적인 전례 : 성사들 중의 성사, 거룩한 신비들의 거행이기 때문이다. 7. 친교(영성체) : 성인의 통공, 거룩한 것의 기원을 보기 때문이다. 그리고 성체로 인하여 그리스도와의 일치가 현재가 된다. 이런 의미에서 천사들의 양식, 하늘의 양식, 불사의 약, 노자 등으로도 불린다. 『가톨릭교회교리서』 1328~1332조 참조

40) "너희는 모두 이것을 받아먹어라 이는 너희를 위하여 내어 줄 내 몸이다." "너희는 모두 이것을 받아 마셔라. 이는 새롭고 영원한 계약을 맺는 내 피의 잔이니 죄를 사하여 주려고 너희와 모든 이를 위하여 흘릴 피다. 너희는 나를 기억하여 이를 행하라."

41) John P. Meier, *A Marginal Jew: Rethinking The Historical Jesus Vol. III*, p.148~163, 249; José Antonio Pagola, 앞의 책, p.287 참조

42) Leon Dufour(ed.), 『성서신학사전』 P. Ternant의 '교회', p.91 참조

43) 이사 53,12을 통해서 알 수 있는 의미로 '온 인류'가 그 대상이다.

44) '위하여' 개념에 관한 총체적인 정보를 G. Friedrich(ed.), *Theological Dictionary of the New Testament, Vol VIII*(Michigan : WM. B. Eerdmans Pub. Co., 1972), p.507~516에서 특히 그리스도론적 관점에서 예수의 수난·죽음과 구원사업을 웅변하는 개념상의 내용을 p.508~512에서 얻을 수 있다.

45) 구약성서 시대의 계약에 관련된 함축적인 정보를 G. Johanmes Botterweck(ed.), *Theological Dictionary of The Old Testament, Vol. II*(Michigan : WM. B. Eerdmans Pub. Co., 1977), p.249~277에서, 성서에서의 계약에 관한 총괄적인 정보를 Leon Dufour(ed.), 『성서신학사전』 G. Giblet, P. Grelot의 '계약', p.43~50에서 얻을 수 있다.

46) 박상래, 『고린토전서』(왜관: 분도출판사, 1991), p.90~91; 『고린토후서』(왜관: 분도출판사, 1991), p.38; 임승필, 『마태오복음서』, p.248~249; 『루카복음서』, p.222-223; 『로마서』 『고린토 1,2서』(주교회의 성서위원회: 한국천주교중앙협의회, 2002), p.244~245; Walter Schelkle, 앞의 책, p.46~50, 125 참조

47) 구약성서 시대 죄사함이 그 바탕이 되는 '새로운 계약', 그리고 '영원한 계약'에 관하여 G. Johanmes Botterweck(ed.), 앞의 책, p.277~278 참조

48) Herbert Vorgrimler, *Sacramental Theology*(Minnesota : The Liturgical Press, 1992),

p.173-80 참조
49) Alois Stöger, 앞의 책, p.441; Wolfgang Trilling, 앞의 책, p.467~468 참조
50) 정양모,『마르코복음서』, p.158~159; 임승필,『루카복음서』, p.222~223 참조
51) 아남네시스에 관한 일반적인 이해를 위해 G. Kittel(ed.), *Theological Dictionary of the New Trestament, Vol I*, trans. by Geoffrey W. Bromiley, p.348~349 참조. 성찬기도를 구성하는 진수는 하느님의 구원행위에 대한 기념, anamnesis, 감사의 찬미, 재림 청원 그리고 성령의 작용(epiclesis)이다. 그러나 성체성사 설정의 중심은 아남네시스다. 그 내용이 하느님의 이름, 창조, 하느님의 능력으로 행하신 일 모두에 관한 것이고 그러한 것들 가운데 깊이 새겨진 것으로 예수 그리스도의 영광 받으심으로 성취된 예수 안에서의 또 예수를 위한 하느님의 놀라운 행위에 관한 것이다. Herbert Vorgrimler, 앞의 책, p.91, 148~152 참조
52) 정양모,『마르코복음서』, p.198; 박상래,『코린토1서』, p.91; Walter Schekle, 앞의 책, p.125; Wolfgang Trilling, 앞의 책, p.468~469 참조
53) Alois Stöger, 앞의 책, p.441
54) 성무일도 제4권 연중 제28주간 수요일 제2독서의 기도

프란치스코 교황 방한 이후
한국 천주교에 주어진 과제

이제민 신부

1. 교황 방한과 그 열광이 남긴 것

심포지엄의 주제는 '프란치스코 교황 방한 이후 개신교의 개혁'이고, 제게 맡겨진 주제는 '프란치스코 교황 방한 이후 천주교의 변화 또는 개혁'(프란치스코 교황의 개혁과 그 영향, 한국 방문의 의미)이다. 이런 주제를 가지고 주제를 발표하는 마음이 무겁다. 교황의 한국 방문과 한국에서의 일정이 알려진 지난 4월 한국 교회를 대표하는 어떤 분에게 내심 교황의 일정이 바뀌기를 바라면서 제가 보낸 편지의 일부를 소개한다. 평상시 쓰는 천주교 용어를 그대로 사용하고, 이 주제를 천주교개혁의 과제로 생각하고 쓴다.

"온 세계는 지금 프란치스코 교황의 말씀 한 마디 한 마디와 행보에 큰 관심을 보이고 있다. 프란치스코라는 교황명이 암시하듯이[2] 그의 일거수일투족이 그 자체로 교회와 세상의 미래를 위한 프로그램을 보여주기 때문일 것이다. 이 프로그램은 작년에 발표된 『복음의 기쁨』[3]에도 잘 나타나 있다. 한국 교회가 교황의 방문을 기다리는 것은 이 민족이 이 프로그램을 갈망하기 때문일 것이다. 한국의 상황이 특이한 만큼 이번 교황의 방한이 남북문제, 교회와 사회의 관계, 교회의 자아이해 등 여러 면에서 큰 방향을 제시하리라 기대하고 있으며 전 세계도 이런 이유로 그분의 방한을 지켜보게 될 것이다. 그런데 교황의 방한과 관련한 소식을 일반 언론을 통해 접하면서 또 이를 준비하는 우리 교회의 모양새를 교회 내 언론을 통해 들으면서 교황에 대한 좋은 이미지가 혹시 손상을 입지 아니할까 심히 걱정이 되고 마음이 우울해진다.

이 우울함은 교황의 방한 목적이 124명의 순교자를 시복하고 아시아 청년대회에 참석하는 것이라고 하면서 청소년의 수를 극히 제한하고, 교황과 수도자와의 만남을 시복식이 열리는 날에 꽃동네에서 갖기로 정해놓고 수도자들에게 시복식 행사보다 될수록 꽃동네 행사에 참석하도록 독려해 달라는 공문을 받았을 때 극에 달한다.

교황은 취임 이후 줄곧 종교와 언어와 사상을 초월하여 모든 이들에게 마음을 열고 모든 사람에게 접근하기를 바랐고, 또 실제로 당신에게 다가오는 이들을 막지 않았다. 그런 마음으로 한국으로 오는데 우리는 그분의 열린 마음을 읽지 못하고 이 행사가 열리는 해당 지역의 유명 성직자의 욕망을 키워 주고 있다. 어쩌면 그들의 마음 한구석에는 자기들은 교황을 자기 집에 초대할 수 있는 역량을 가지고 있음을 세상에 자랑하고 싶을지도 모른다. 그들에게 교황은 누구이고 교회는 무엇이며, 청년은 누구이고 순교자는 누구인가? 청년이 목마르다는 것은 무엇을 의미하며 가난한 자와 장애자들은 누구인가? 그들의 마음 안에 이들이 자리 잡고 있기는 한 것일까? 순교자와 청년과 아시아를 이용하여 자기의 욕망을 채우고자 수없이 바티칸을 드나들었을 이들 유명인의 순수하지 못한 마음이 교황과 교회를 욕되게 하는 것은 아닌지, 무엇보다도 신자유주의와 물신주의의 심복이 된 정부의 손에 놀아나고 있는 것은 아닌지 우려된다.

우리 사회는 지금 교황이 줄곧 강조하였듯이 신자유주의와 그로 인한 물신주의로 몸살을 앓고 있다. 돈을 숭배할수록 자기중심적인 이중인격의 병에 걸려 신음하게 된다. 이 병을 고쳐야 할 교회도 이 병을 앓고 있다. 교회는 사회가 앓고 있는 이 병을 고치고자 존재한다고 말하기 전에 먼저 자기부터 이 병에서 치유되도록 해야 할 것이다. 교황은 이 병을 고치기 위해 교회가 먼저 쇄신되어야 한다고 부르짖었다. 교황은 세상의 복음화는 교회의 복음화를 통해서 가능하다고 강조하였다. 교회가 복음화 되지 않고서는 이 기쁨을 사회에 전달할 수 없다는 것을 당신의 몸으로 보여 주었다. 가난하고 소외되고 힘 없는 자들에게 다가가면서 말이다. 교황이 이번 아시아를 방문한다고 하였을 때 사람들은 그분을 바라보며 이 기쁨을 누리고 싶어 했다. 그런데 우리 교회는 그런 교황의 마음을 읽고 있는가?

교황은 『복음의 기쁨』에서 성직자들이 돈과 힘의 유혹에 빠지지 말라고 경고한다. 그런데 우리는 그 경고가 자기를 향하고 있다는 것을 놓치고 있다. 그래서 마음을 열고 방한하는 교황에게 더욱 미안한 마음이다. 그러면서도 저는 교황이 그분을 자기 집으로 초청한 사람, 서울, 대전, 꽃동네를 벗어나 온 누리로 퍼져나가게 될 메시지를 던져주실 것이라 희망한다."

우려가 현실이 되는 것인가? 한국방문을 마치고 교황이 바티칸으로 떠나간 한국 교회는 마치 큰 파도가 지나간 후 거품을 남기며 일렁이는 바다처럼 제자리로 돌아갔다는 비판이 거세다.

제2차 바티칸 공의회가 끝나던 해(1965)에 독일의 신학자 칼 라너(1904~1984)는 말한다. "공의회가 끝났습니다. 어떤 좋은 일이 끝날 때마다 우리는 감사하고 경탄하며, 역사의 신비 앞에 떨리는 마음으로 놀라움도 금치 못하게 됩니다. 그리고 묻습니다. 도대체 무슨 일이 있었던 거지? 앞으로 어떻게 될까? 공의회의 마지막도 그렇습니다. 우리는 묻습니다. 무엇이 일어났는가? 우리는 어디에 있고 앞으로 어떻게 될 것인가?"[4] 이 물음을 따라서 같은 질문을 교황의 방한과 관련하여 던져본다. 교황이 다녀갔다. 그것은 하나의 사건이었다. 이 땅에 무슨 일이 일어났는가? 그분을 보낸 우리는 지금 어디에 있고 우리의 앞날은 어떻게 될 것인가? 열광 그리고 수그러듦. 이것이 전부인가? 그분이 탔던 자동차를 기념으로 바티칸으로 보내는 것으로 그분의 일은 이 땅에서 끝이 났고, 그분을 맞이했던 우리의 마음도 끝이 난 것인가?

그분이 이 땅에 있는 동안 한국 교회는 그분을 분주하게 행사장으로 안내하면서 무엇을 보여주고자 했는가? 신자만이 아니라 신자가 아닌 사람들도 열광하는 모습을 보면서 고무되고 들떠서 그분의 마음과 열광하는 사람들의 마음을 읽는 일에 소홀하였고, 그렇게 그분의 '프로그램'을 지나쳤다. 우리 민족이 많은 순교자를 가진 것을 자랑하며 우리의 눈을 과거로 돌리고, 우리 교회가 평신도가 주축이 되었다는 것을 강조하면서도 지금의 교회가 성직자 중심의 교회라는 것을 반성하지 못하고 행사를 성공리에 끝냈다고 자찬하는 그 모습이 그래서 슬프다.

교황이 방문하는 날 지방 방송으로부터 프란치스코 교황의 방한 의미에 대한 질문을 받았다. 나는 취임한 지 이제 1년 정도밖에 안 된 교황에게 사람들이 그토록 열광하는 이유는 무엇인가 하는 질문으로 바꾸어 답변했다. 가난한 이, 버림받고 소외받은 이들에게 주저 없이 다가가는 자유스러운 모습! 그런데 교황은 무슬림 소녀와 문신이 잔뜩 그려진 소녀의 발을 씻고 동성애자의 마음을 보라고 하였고, 취임 후 제일 먼저 방문한 곳이 아프리카의 난민이 몰려드는 유럽의 골칫덩어리 람페두사였다. 가난한 마음에 다가가는 교황에게 사람들이 열광하였다면 그들의 마음속 깊은 곳에는 가난을 향한 마음이 내재되어 있기 때문일 것이다. 그동안 사람들은, 많은 신자도, 돈과 힘에 의존하는 삶에 익숙해지면서 점점 이기적이고 자기중심적으로 변하였다. 부와 힘을 누리면서도 기쁨을 누리지 못하는 인간, 이보다 불행한 일이 어디 있겠는가. 교황에게 열광한다면 인간은 부와 명예가 자기를 행복하게 해주는 것이 아님을 인식하기 때문일 것이다. 교황에게 열광하는 것은 교황 자체에 있다기보다 자기의 마음속 깊은 곳에 내재되어 있는 부와 힘에서 벗어나 가난을 추구하고자 하는 마음을 건드렸기 때문일 것이다. 현대에 살고 있는 인간은 겉으로는 부와 힘과 명예를 쫓으며 사는 것 같지만 그들의 마음속 깊은 곳에는 이것들로부터 해방되어 살고 싶은 마음이 감추어져 있는 것이다. 열광한다는 것은 자기들도 교황처럼 낮은 곳을 향하여 살고 싶은 마음이 있기 때문이다. 교황은 우리 마음속 깊은 곳에 숨어 있던 이 감정을 일깨운 것이다. 인생을 기쁘게 사는 데 부와 명예와 권력이 전부가 아님을 보여준 것이다.

그런데 교황을 맞이하는 정부와 교회의 태도가 부와 힘의 옷을 입고 가난을 마중나가는 것 같다는 느낌이랄까, 가난에 부와 권력의 옷을 입히고자 하는 느낌을 받았다고 할까, 안타까운 마음을 떨칠 수 없다. 교황은 『복음의 기쁨』에서 '영적인 세속성'을 비판하였다.[5] 종교가, 특별히 사목자(목회자)가 세속의 옷을 입고 있을 때 누가 세상에 기쁨을 선사하겠는가. 교황은 방한하여 124명의 순교자를 시복하였다. 순교자들이란 단순히 교회의 제도를 위하여 목숨을 바친 사람 정도가 아니다. 그들의 시복에 힘과 영광의 옷을 입히려고 해서는 안 된다. 그들은 돈과 힘으로부터 자유로운 사람이다. 돈과 힘에 찌든 현대는 그들의 자유를 필요로 한다. 교회가 그들을 시복한다면 이 시대가 순교자의 영성을 절실히 요구하고 있다는 것을 보여주는 것이다. 그런데 우리는 어떤 마음으로 시복식에 참여했는가?

2014년 9월 27일 명례성지에서 '순교자들이 현대인에게 주는 메시지'라는 주제로 열린 심포지엄에서 마산교구장 안명옥 주교는 우리 교회의 현실을 지적하며 우려를 표하였다.

"지난 8월 14~18일 방한한 프란치스코 교황이 다녀간 지 한 달이 지났는데도 일부 성지에서는 방문객이 이어지고 있다고 한다. 성지를 방문하는 순례객과 함께 관광객이 눈에 띄게 늘어나고 있다고 한다. 성지 인근에서 마트를 운영하는 주인은 '관광객이 늘어나니 매출도 쏠쏠하다'고 하였다. 어떤 지방자치 단체는 관광객 유치 등을 위해 교황 성하의 방문 지역을 명소화, 관광지화를 추진하려는 계획을 내놓고 있다고 한다. 순교성지의 세계문화유산 등록을 추진하려는 계획을 발표하는가 하면, 교황이 머문 발자취를 중심으로 순례길 조성, 역사체험 시티투어 활성화 방안 등을 내놓기도 한다. 교황 족흔 프린팅 사업, 어록집 제작, 동상 건립을 비롯해 프란치스코 광장 조성, 교황 쌀, 식단 등을 상품화할 계획을 추진 중에 있다고 한다. 한편 교황 방문 효과를 지속적인 지역경제 활성화로 연계시키기 위해서는 종합적인 발전계획을 수립할 필요가 있다는 의견도 나오고 있다.

…

어떤 교수가 '프란치스코 교황 방한이 한국 종교계에 던진 화두'를 주제로 한 발표에서 한국천주교와 '성지화 작업'에 대한 우려를 강하게 표시하며 그 대표적인 사례로 '천진암 성지'를 지적하였다. 천진암은 조선시대 주어사의 인근 암자로 과거 정부의 박해를 피해 찾아온 천주교 신자들에게 피난처를 제공했다가 그 여파로 불에 탄 곳이다. 그러나 천주교 수원교구 주도로 진행된 성지화 과정에서 불교가 천주교를 보호했다는 역사적 사실도 땅 속에 묻혀버렸다. 이뿐만이 아니다. 한국천주교는 오래전부터 서소문 공원을 단독 성지화 하려는 작업을 추진해 왔다고도 지적한다. 그러면서 "한국천주교는 한국 근대사를 천주교 '순교성인'으로 가득 채우는 작업과 전국에 흩어진 순교지를 '성지화'하는 작업을 병렬적으로 추진하고 있다"며 "교황 방한은 한국천주교의 생존이 걸린 성지화 작업의 초석 역할을 할 것"이라고 지적하였다. 이러한 우려와 걱정의 목소리를 귀담아 들어야 할 필요도 있다는 점을 강조하고 싶다."

교황의 방문은 우리에게 과제를 남겨 놓았다. 이 과제는 어쩌면 세상 끝날 때까지 수행해야 할 것인지도 모른다. 칼 라너는 공의회를 시작의 시작이라고 했다. 교황도 『복음의 기쁨』에서 새 복음화를 강조하며 '출발'을 외친다.(20-23항 참조) 새로 출발하기 위해 한국 교회는 '복음'부터 깨치도록 해야 할 것이다. 교황이 말하는 '새 복음화'는 그만큼 우리가 복음을 깨치지 못하고 있다는 말일 것이다.

『복음의 기쁨』을 소개하며 교황의 프로그램과 관련하여 몇 가지 점을 제시하고자 한다.

종교의 과제는 인생에 기쁨을 선사하는 일이다. 이를 예수님은 복음으로 선포하셨다. 복음을 선포한다는 것은 기쁜 소식을 선포하는 것이다. 인생을 기쁘게 사는 비결을 선포하는 것이다. 그 비결은 무엇인가? 우리는 '복음'이라는 단어를 입에 달고 살면서도 정작 그 비결을 알려고 하지 않고, 복음 선포를 오히려 교회의 세력 확장 정도로 이해한다. 한국 가톨릭의 경우 복음화를 국민 대비 신자 비율로 이야기한다. 천주교 신자는 복음화 된 존재이며 이 땅은 천주교 신자만큼 복음화 되었는가? 천주교 신자가 아닌 개신교 신자, 불교 신자 등 대다수의 한국인은 복음화가 되지 아니했는가? 이 말은 우리가 복음화 되었다면, 복음을 깨달았다면 결코 할 수 없는 말일 것이다. 교회의 과제는 복음의 핵심을 깨치는 일이다. 복음 선포를 핵심 과제로 삼고 있는 교회는 인생을 기쁘게 하는 비결이 무엇인가, 물어야 한다. (교황은 여기서 그 비결에 대해 풀이하지는 않지만 '함께 하는 삶'으로 이를 강조한다)

교황은 여기서 시작한다. 교회의 과제는 세상에 기쁨을 선사하는 일이다. 그런데 이 기쁨이 '돈과 힘'으로부터 도전을 받고 있다고, 그러고 나서 사목자들(목회자들)도 이 유혹에서 자유롭지 못하다며 교회의 쇄신을 강조한다. 가난에 대하여 설교만 할 것이 아니라 스스로 가난하고 힘없는 자가 되어야 한다고 설파한다.

2. 교황의 방한이 남긴 과제

교황의 한국 방문 목적은 시복식과 청년들과의 만남이었기에 이 방문에서 교황이 이 땅에 남긴 신학 전반적인 과제를 찾는다는 것은 무리이다. 교황은 앞에서 언급했듯이 가난한 이들을 위한 가난한 자의 교회와 성직자 중심주의를 탈피한 교회가 되는 것을 교회의 과제로 제시하였다. 이것들 외에 몇 가지 점을 언급하고자 한다.

중앙에서 변두리를 향하다 (중심주의에서 벗어난 인생)

교황은 취임하면서 자신이 세계의 다른 끝에서 왔다고 했다. 이 말은 단순히 당신이 지리적으로 유럽의 반대쪽에 위치한 아르헨티나에서 왔다는 말이 아니다. 이 말은 뼈가 있는 말이다. 여기서 지구의 끝이란 유럽 문화의 다른 쪽, 유럽 문화에 젖은 교회의 다른 쪽, 부유한 교회의 다른 쪽을 말한다. 그는 자신이 로마의 변두리에서 왔다고 하면서 교회의 시선을 변두리로 향하게 했다. 중심을 향하던 세상의 시선을 변두리로 향하게 하여 변두리 인생을 만나게 했다.

교회는 지금 – 자기가 어디에 있든, 한국에 있든, 아프리카에 있든 – 유럽의 중심에 물들어 있다. 유럽식의 옷을 입어야 했다. 그렇게 사람들도 유럽의 눈으로 보았다. 가난한 사람을 보되 유럽의 눈으로 보았다. 교회는 이 중심에서 나와 가난한 이들이 실제 살고 있는 변두리로, 중심의 끝으로 가야 한다. 예수 그리스도의 교회가 되기 위하여 예수님께서 가신 곳으로 가야 한다.[6] 그곳에서 예수님께서 손을 내민 사람들에게 손을 내밀고, 예수님께서 손을 잡아 일으키신 병들고 지친 사람들의 손을 잡고 일으켜 세워야 한다. 교회가, 그리스도인이 자기의 삶에서 의식적으로 변두리의 가난하고 힘없는 이들에게 의무적으로 다가가지 않는다면 예수 그리스도의 교회이기를, 그리스도인이기를 포기하는 것이다. 그것은 예수님께서 선포하신 하느님의 나라가 가까이 왔다는 복음을 거역하는 것이고, 가난한 이들을 만남으로써 얻는 기쁨을 거절하는 것이며, 천국의 기쁨과 영원한 생명을 외면하는 것이다.

교황의 삶은 취임 후에도 변두리에서 이루어졌고 변두리를 향하였다. 그분은 교황이 된 이후에도 교황선출을 위해 머물렀던 바티칸의 손님 숙소에 그대로 머물고 있으며, 거기 있는 성당(성 마르타 성당)에서 매일 미사를 드린다. 취임 후 첫 바티칸 나들이도 람페두사 난민 수용소였다. 그곳에서 그는 힘의 중심부를 향하여 호소하였다. "그들의 눈물이 안 보입니까?" 그는 교회와 힘 있는 자들의 시선을 난민에게로, 그들이 흘리는 눈물로 향하게 하였다.

교황은 그렇게 로마의 변두리 한국에 왔다. 그런데 한국 교회의 시선은 로마를 향하고 있었다. 자만에 빠져 스스로가 세계 교회의 중심에 있다고 생각하면서 그분이 변두리로 왔다는 것을 감지하지 못하였다. 그분은 중앙을 향하는 우리의 환상을 엎고 변두리로 향하도록 하려고 왔는데 한국 교회의 시선은 여전히 중앙을, 부와 명예와 권력을 향하고 있다. 부와 권력을 추구하는 세상의 것과 다르지 않았다. 꽃동네에서는 교황을 위해 특별 의자를 따로 만들었다. '얻어먹을 힘만 있어도 은총'이라는 슬로건을 내걸고 불러 모은 행려자, 장애자, 가난한 이들과 함께 하는 동안 잠시 앉을 의자이다. 교황은 그 의자를 물리치고 보통의 의자를 가져오게 했다. 이런 현상은 방한 내내 교황이 가는 곳마다 일어났다. 교황은 람페두사를 방문하는 심정으로 세월호 희생자 가족들도 만났을 것이다. 세월호 사건이 일어난 지 한 달이 지나 선거가 임박하자 대통령은 희생자들의 가족에게 나타나 자기도 부모를 잃어서 가족 잃은 그들의 아픔을 잘 안다고 했다. 그러나 그게 전부였다. 선거가 끝나자 그는 더 이상 그들 앞에 나타나지 않았다. 그들의 아픔을 안다는 그의 말은 정치적인 것이었고 거짓이었다. 그에게 세월호 유족들은 가족을 잃은 자가 아니라 돈과 관련된 사람일 뿐이었다. 돈과 권력에 대한 욕심이 인간을 그렇게 모질게 만들고 있다. 희생자의 마음은 희생자만이 안다.

가난하고 힘없는 자를 향하다

희생자는 가난한 자로 표현된다. 가난한 자들이 교회를 위하여 얼마나 중요한가 하는 것은 프란치스코 교황이 가난한 자들을 선교의 대상으로만 보지 않고 '하느님의 계시를 짊어진 자'라고 부르는 데서 드러난다.[7]

가난한 자의 마음은 가난한 자만이 안다. 교회가 가난해야 하는 이유다. 가난한 자들이 진정 바라는 것은 무엇인가? 가진 자와 힘 있는 자가 던져야 할 질문이다. 교회가 '부자 되게 해 주세요', '하는 일마다 다 잘 되게 해 주세요' 하고 기도하고, 또 신자들에게 그렇게 기도하도록 유도하는 것은 역설적으로 교회가 가진 자의 편에 섰다는 것을 말해준다. 겉으로는 가난한 자를 위하여 있는 것 같지만 실제로는 그들을 부자 되게 해 주겠다며 부의 편에 선 것이다.

교회는 가난한 자들이 진정 바라는 것이 무엇인지 물어야 한다. 그들이 진정 바라는 것은 돈이 아니라 '그들과 함께 있어 주는 마음'이다. '함께 함'은 돈으로 해결될 일이 아니다. 교회가 가난한 자를 돕기 위하여 자선 단체를 만드는 것도 좋지만, 그것이 목적이 된다면, 그 단체를 키우는 것으로 가난한 자들을 위하여 있다고 자부한다면(꽃동네), 교황이 『복음의 기쁨』에서 경고하듯이 '영적 세속성'의 매너리즘에 빠지게 된다.[8] 가난한 자들은 자기를 돕기 위한 거대한 시설을 바라지 않는다. 그들은 교회가 자기들의 편에 믿을만하게 서서 물질적으로 가난을 줄이고 그리고 이를 벗어나 그들을 가난에서 해방시켜 줄 것을 바란다. 그런데 한국 교회를 대변하는 지도층은 이들의 편에 서지 못하였다.

한국 교회는 가난한 자를 위한 가난한 자의 교회가 되지 못하고 있다는 것은 교황이 한국을 떠나자 금방 나타났다. 어쩌면 그들은 교황을 안내하면서 마음이 불편했을지도 모른다.

세상의 힘 있는 부자들은 교황의 마음이 세상에 감염될까 위협을 느꼈을 것이다. 그들에게 교황은 시장 경제의 축복을 모르는 마르크스적인 반자본주의자나 다름이 없다. 그들은 교황이 경제학자로서 말하는 것이 아니라 아모스와 예수님의 전통에서 이야기한다는 것을 알아야 한다. 신자유주의에 대한 비판은 교회 내부로도 향한다. 교황은 '교회의 돈은 어디서 오는가? 이 돈을 어디에 쓸 것인가' 하는 물음을 던진다. 가난한 교회는 가난한 자들을 억압하는 것에 대해 싸워야 하며, 가난한 자들을 돕는 것이 무엇인지 가장 잘 안다고 믿는 오만을 내려놓아야 한다. 가난한 자들에게 필요한 것이 무엇인지, 어떻게 도와야 하는지는 가난 속에 사는 자들이 가장 잘 안다.(이런 면에서 세월호의 아픔을 오직 정치적으로 해결하려고 하는 것은 불행한 일이다.) 가난한 이들을 돕고 그들의 파트너가 되고 그들과 한 소속감을 가지기 위해서는 겸손과 존경이 필요하다. 권력 — 여성에 대한 남성의 폭력, 평신도에 대한 성직자의 폭력 – 을 내려놓을 때 가능할 것이다.

교황은 『복음의 기쁨』에서 "이런 경제는 사람을 죽인다."(53항)며 경제 논리의 치명적인 역기능을 지적한다. 사실 자원의 낭비와 기후 변화는 결정적으로 만나지 못하고 세계 경제 위기와 세계 금융의 위기로부터 아직 진지한 가르침을 이끌어내지 못하고 있다. 예컨대 인위적으로 식량 부족으로 이끌며 식량을 가지고 투기하며 여전히 '치명적인' 수익성 있는 장사를 하고 있다. 금융 자본주의는 실제 경제를 위험하게 한다. 금융시장에 거품이 일면 다시 세금문제로 발목을 잡는다. 기득권이 정치, 경제, 사회의 개혁을 방해한다. 이로 인해 빈부의 차이뿐 아니라 인간들 사이에도 불평등이 더욱 커지며 인간을 쓰레기로 여기게 한다.[9] 경제는 지구를 가꾸는 일이지 돈을 버는 일이 아니건만 팽배한 이런 사고가 지구를 황폐하게 한다.

프란치스코 교황은 8월 14일 저녁 한국 주교단에게 연설했다.

"… 희망의 지킴이가 된다는 것은 또한, 가난한 사람들에게 관심을 쏟으며, 특히 난민들과 이민들, 사회의 변두리에서 사는 사람들과의 연대를 시행하여, 한국 교회의 예언자적 증거가 끊임없이 명백하게 드러나도록 하는 것을 의미합니다. 이러한 관심은 구체적인 자선 활동을 통해서만이 아니라 — 그것도 꼭 필요한 것이지만 — 사회, 직업, 교육 수준의 개선을 위한 지속적인 활동을 통해서도 드러나야 합니다. 우리는 가난한 사람들을 돕는 일을 사업적인 차원으로만 축소시키고, 모든 사람은 반드시 한 인간으로서 성장하고 자신의 인격과 창의력과 문화를 존엄하게 표현하여야 한다는 것을 잊어버리는 위험에 빠질 수 있습니다. 가난한 사람들과 함께 하는 연대는 그리스도인 생활의 필수 요소로 여겨야 합니다. 가난한 사람들과 함께 하는 연대는 교회의 풍요한 유산인 사회 교리를 바탕으로 한 강론과 교리 교육을 통하여 신자들의 정신과 마음에 스며들어야 하며, 교회 생활의 모든 측면에 반영되어야 합니다. '가난한 이들을 위한, 가난한 이들의 교회'라는 사도 시대의 이상은 여러분 나라의 첫 신앙 공동체에서 그 생생한 표현을 찾아볼 수 있습니다. 이러한 이상이 미래를 향해 순례하는 한국 교회가 걸어갈 길에 계속 귀감이 되기를 바랍니다. 교회의 얼굴이 그 무엇보다도 먼저 사랑의 얼굴일 때에, 그분의 신비체의 친교 안에서 언제나 거룩한 사랑으로 불타오르는 예수님의 마음에 늘 더 많은 젊은이들이 이끌려올 것이라고 저는 확신합니다.

사랑하는 형제 여러분, 예언자적인 복음의 증거는 한국 교회에 특별한 도전을 제기합니다. 한국 교회가, 번영되었으나 또한 매우 세속화되고 물질주의적인 사회의 한가운데에서 살고 일하기 때문입니다. 이러한 상황에서 사목자들은, 기업 사회에서 비롯된 능률적인 운영, 기획, 조직의 모델들을 받아들일 뿐 아니라, 성공과 권력이라는 세속적 기준을 따르는 생활양식과 사고방식까지도 복음서에서 예수님께서 가르치신 기준보다 우선하여 취하려 하는 유혹을 받습니다. 십자가가 이 세상의 지혜를 판단할 수 있는 힘을 잃어 헛되게 된다면, 우리는 불행할 것입니다! (1코린 1,17 참조) 여러분과 여러분의 형제 사제들에게 권고합니다. 그러한 온갖 유혹을 물리치십시오. 성령을 질식시키고, 회개를 무사안일로 대체하고, 마침내 모든 선교 열정을 소멸시켜 버리는 그러한 정신적·사목적 세속성에서 하늘이 우리를 구원해 주시기를 빕니다.[10]"

이 연설문에서 통째로 빠진 단락이 있었는데[11] 이 연설의 핵심이기도 하다. 소개한다.

"저는 가난한 이들이 복음의 핵심에 있다고 말해왔습니다. 이들은 처음부터 끝에 이르기까지 그 자리에 있습니다. 나자렛의 회당에서 예수님은 자신의 직무를 처음 시작하는 자리에서 이 점을 명확히 밝히셨습니다. 그리고 마태오 복음 25장에서 예수님이 장차 올 하늘나라에 대해 말씀하시면서 우리가 어떤 기준으로 심판을 받을지 드러내 밝히실 때, 여기에서도 우리는 가난한 이들을 봅니다. 번영의 시대에 떠오르는 한 가지 위험, 유혹이 있습니다. 그것은 그리스도인 공동체가 그저 또 다른 '사회의 일부'가 되는 위험입니다. 그리스도인 공동체의 신비적 차원을 잃고, 성체성사를 기념하는 능력을 잃으며, 그 대신에 하나의 영적 단체가 되는 위험입니다. 이 단체는 그리스도교 단체이며 그리스도교적 가치관을 가진 단체이지만 예언의 누룩이 빠진 단체입니다. 이런 일이 생기면, 가난한 이들은 더 이상 교회 안에서 자신들의 적절한 역할을 갖지 못하게 됩니다. 이 유혹에 특정 교회들과 그리스도교 공동체들이 과거 오랜 세월 동안 크게 고통을 겪어왔습니다. 어떤 사례들에서 이런 교회와 공동체들은 그 자체가 중산층이 되어서 그런 공동체의 일부가 되는 가난한 이들이 심지어 수치감을 느낄 정도가 됩니다. 이것은 영적 번영, 사목적 번영의 유혹입니다. 그런 교회는 더 이상 가난한 이를 위한 가난한 교회가 아니라 오히려 부유한 이들을 위한 교회, 또는 돈 많고 잘 나가는 이들을 위한 중산층 교회입니다. 그리고 이는 낯선 일도 아닙니다. 이 유혹은 초대교회 때부터 있었습니다. 바오로 사도는 코린토 신자들에게 보낸 첫째 서간에서 코린토 신자들을 질책해야만 하였습니다.(1 코린 11,17)

그리고 야고보 사도는 이 문제를 더욱 강하고 명확하게 제기하였습니다. (야고 2,1-7) 그는 이들 부요한 공동체, 부요한 사람들을 위한 부요한 교회를 질책해야만 하였습니다. 그들은 가난한 이들을 배제하지는 않았습니다만, 그들이 누리는 생활양식 때문에 가난한 이들이 그들 공동체에 들어가기를 꺼리게끔 하였고 가난한 이들은 그런 공동체에서 편안하게 느끼지 못하였습니다. 이것이 번영의 유혹입니다. 저는 여러분 주교들께서 좋은 일들을 잘 하고 있다는 것을 알기 때문에, 저는 지금 여러분을 훈계하려는 것이 아닙니다. 하지만 신앙 안에서 자신의 형제를 확인해야 할 의무를 지닌 한 형제로서, 저는 여러분께 이렇게 말하고자 합니다. 주의하십시오. 여러분의 교회는 번영하는 교회이고 매우 선교적인 교회이며 위대한 교회이기 때문입니다. 악마가 교회의 예언자적 구조 자체로부터 가난한 이들을 제거하려는 이런 유혹의 씨앗을 뿌리도록 허용되어서는 절대 안 됩니다. 악마로 하여금 여러분이 부요한 이들을 위한 부요한 교회, 잘 나가는 이들의 교회가 되게 만들도록 허용해서는 절대 안 됩니다. (여러분의 교회가 그렇게 된다면) 그 교회는 아마도 '번영의 신학'을 펼치는 정도까지는 아니겠지만, (가난한 이를 위한 가난한 교회가 제대로 되지 못하는) 그저 그런 별 쓸모없는 교회가 될 것입니다."

가난은 교회의 표시(Nota Ecclesiae)이다. 교회가 보편적이고 사도로부터 이어오고 하나이며 거룩한 것은 교회가 그의 창립자처럼 가난할 뿐더러 가난을 세상에 선포하기 때문이다. 물질적으로 풍요를 누리며 영적으로 가난하게 살겠다는 것은 '가난'을 모독하는 것이다.

가난한 교회로 남아 있을 때, 원천에 충실할 때, 교회는 세상에 미래를 제시할 수 있다. 그런데 역사적으로 볼 때 교회가 이를 주장하지 아니한 적은 한시도 없었다. 그런데도 불구하고 교회는 가난한 사람들에게 부자를 위한 집단처럼 보였다. 그래서 교회는 항상 새로 출발해야 한다.

성직자 중심주의와 권위주의에 대한 비판

교황은 『복음의 기쁨』에서 교회가 복음의 기쁨이 돈과 힘, 개인주의와 소비주의의 도전을 받고 있다고 누차 경고한다. 교황은 기쁨을 선포해야 할 교회마저 돈과 힘으로부터 도전을 받고 있으며 주교도 사목자도 교황도 이 유혹에 넘어가고 있다며 쇄신을 강조한다. 이 유혹을 이기기 위해 성직자는 성직자 중심과 권위주의를 극복해야 한다. 바티칸 개혁을 선언하며 칼을 댄 것은 이런 의미에서 당연하다.

교황은 사제들이 성직자 중심주의와 권위주의의 위험에서 벗어나야 한다고 강조만 하는 것이 아니라 스스로 솔선하는 모습을 보여준다. 세상의 변두리에서 온 그는 자신을 로마의 주교로 부르고 바티칸에 입성(?)하고선 교황 선출을 위해 머물렀던 손님 숙소에 그대로 머물고 그곳 식당에서 여러 명과 함께 식사한다. 성목요일 발을 씻기는 모습에서 어떤 권위나 성직자 중심주의의 허세를 읽을 수 없다.

교황의 태도는 예수님께서 베드로를 부르실 때의 모습을 다시금 생각하게 한다. 예수님께서 시몬을 베드로라 부르며 그 위에 교회를 세우실 때의 예수님의 마음과 베드로의 마음을 다시금 느끼게 한다. 예수님은 - 우리가 지금 생각하고 있듯이 - 그렇게 베드로를 초대 교황으로 생각하며 부르신 것이 아니다. 베드로도 자기가 초대 교황으로 임명되었다고 생각해본 적은 없을 것이다. 그런데 우리는 마치 그랬을 것이라는 사고에 젖어 있고 그 후 교황의 역사를 이런 힘의 논리로 서술하였다.

예수님은 베드로의 지도력을 보시고 그 위에 교회를 세우신 것이 아니다. 예수님은 정열적으로 고백하는가 하면 때로는 비굴할 정도로 배반하기도 하는 베드로를 반석이라 부르시며 그 위에 교회를 세우신 것이다. 고백과 배반을 반복하는 베드로의 그 유약한 모습은 유약한 우리의 모습이다. 베드로 위에 교회를 세우셨다는 것은 이 백성을 교회로 부르셨다는 것을 암시한다. 교황은 이런 예수님의 마음을 느끼게 하는 존재이어야 한다. 예수님은 베드로 위에 교회를 세우시면서 그 어떤 힘도 그에게 부여하지 않으셨다. 어떤 권위도, 어떤 성직자 중심주의도 찾아볼 수 없는 모습이다.

그런데 베드로 자리는 세상의 역사를 거치면서 돈과 힘의 논리의 중심에 놓이게 되었다. 교황의 자리는 황제와 '으뜸'의 자리를 두고 권력 다툼을 벌이면서 부와 권력의 중심에 서기도 했다. 교회도 덩달아 힘 있는 단체라는 인상을 세상에 남기고 이런 상황에서 선교도 세상을 정복하는 일로 여기기도 했다. 교회는 예수님께서 더 높은 자리를 두고 다투는 제자를 훈계하셨다는 것을 잊은 듯 했다. 나는 여기서 지난 날 교회의 역사를 다 이야기할 수 없다.

프란치스코 교황은 교황의 신원을 예수님의 복음에 근거하여 바라보는 눈을 열어주며 다시 교회를 사랑하게 해주었다. 교황은 자신을 로마주교로 부르기를 좋아한다. 아르헨티나 교구의 주교(추기경)로 있을 때 신자들이 당신을 '신부님'이라고 부르는 것을 좋아했다고 한다.

그런데 우리 한국 교회는 교황의 이런 마음을 아는가? 우리의 성직자는 너무 권위주의적이다. 목에 힘이 너무 들어가 있다. 주교직을 높은 자리로 생각하기도 한다. 로마보다 더 로마적인 한국 교회. 교황보다 더 교황적인 한국 교회.[12]

교황은 권위의 물음을 성경에 입각하여 근원적으로 달리 사고하도록 한다. "너희 가운데에서 높은 사람이 되려는 이는 너희를 섬기는 사람이 되어야 한다. 또한 너희 가운데에서 첫째가 되려는 이는 모든 이의 종이 되어야 한다."(마르 10,43-44)

주교직은 봉사하기 위해 있는 자리라고 교황이 강조한 것을 주교들은 잊지 말아야 할 것이다. 성직중심과 권위주의를 탈피하는 것은 우리의 과제이다. 성직자가 돈과 권력의 유혹에 넘어간다는 교황의 비판을 다시 한번 마음에 새겨야 할 것이다.

예수님은 복음을 선포하시면서, 세상의 복음화를 위해 설교하시면서 회개와 믿음을 강조하셨다. "하느님 나라가 가까이 왔다. 회개하고 복음을 믿어라." 복음을 깨닫기 위해서는 사고를 달리해야 한다. 우리는 관습에 젖어 하느님, 천국, 부활 등에 대한 이야기할 때가 많다. 그런 기존의 사고로는 천국의 경지에 들 수 없다. 기존의 사고에서 돌아서야 한다. 그리고 올바로 믿어야 한다. 믿음이란 이 세상 바깥에 우리를 행복하게 해주는 어떤 신비스런 공간이 있다는 것을 믿는 것이 아니라 이 지저분하고 고통스러운 세상 안에, 겨자씨 같이 작고 보잘것없는 존재들 안에, 더구나 우리 같이 못난 죄인들 안에 위대하신 하느님이 들어와 계신다는 놀라운 신비를 받아들이는 것이다.

그런데 회개를 외치며 믿음을 선포해야 할 사목자들이 인간을 유다인과 이방인, 그리스도인과 비그리스도인, 죄인과 성인들로 가르며 사람들의 마음 안으로 들어가지 못한다. 이런 상황에서 프란치스코 교황은 말한다.

"주님, 당신의 추수 마당에서도 저희는 알곡보다 가라지를 더 많이 볼 수 있습니다. 더럽혀진 당신 교회의 옷과 얼굴에 저희는 당황해 어쩔 줄 몰라 합니다. 그런데 그 옷과 얼굴을 더럽히는 것은 바로 저희들입니다! 과장된 말과 허황된 몸짓에 이어 매 순간 당신을 배반하는 것이 바로 저희들입니다. … 교회 안에 얼마나 더러움이 많은지요. 특히 사제직 안에 있는 더러움은 온전히 그 자신에게서 귀결되어야 합니다."[13]

복음과 새 복음화

　교황은 복음에 근거하여 교회와 그리스도인 존재에 대해 근원적으로 반성하게 한다. 교황은 복음이 주는 기쁨을 선사하고자 이 땅에 왔지만 한국 교회는 역설적이게도 교황이 경고한 부와 명예와 권력이 주는 기쁨에 젖어 있다. 교황은 새 복음화를 이야기한다. 사실 새 복음화란 있을 수 없다. 그런데도 교황이 새 복음화를 이야기한다면 사람들이 관습에 젖어 복음을 이야기하면서 복음이 주는 기쁨을 찾지 못하기 때문이다. 새 복음화는 예수님께서 선포하신 복음과 그 기쁨을 세상에 전하는 일이다.

　새 복음화를 외치는 교황의 마음은 바오로가 갈라티아 신자들에게 설교한 마음이기도 할 것이다. "그리스도의 은총 안에서 여러분을 불러 주신 분을 여러분이 그토록 빨리 버리고 다른 복음으로 돌아서다니, 나는 놀라지 않을 수 없습니다. 실제로 다른 복음은 있지도 않습니다. 그런데도 여러분을 교란시켜 그리스도의 복음을 왜곡하려는 자들이 있습니다. 우리는 물론이고 하늘에서 온 천사라도 우리가 여러분에게 전한 것과 다른 복음을 전한다면, 저주를 받아 마땅합니다. 우리가 전에도 말한 바 있지만 이제 내가 다시 한 번 말합니다. 누가 여러분이 받은 것과 다른 복음을 전한다면, 그는 저주를 받아 마땅합니다. 내가 전한 복음은 사람에게서 비롯된 것이 아닙니다. 그 복음은 내가 어떤 사람에게서 받은 것도 아니고 배운 것도 아닙니다. 오직 예수 그리스도의 계시를 통하여 받은 것입니다."(갈라 1,6-9.11-12 공동번역)

　그리스도인은 예수 그리스도에 대한 믿음을 통하여 얻은 기쁨을 다시 세상에 선사하는 존재이다. 기쁨이 예수님이 그리스도이시라는 것을 믿는 데서 온다는 것은 예수님처럼 남을 위하여 자신을 희생하는 자만이 기쁨을 전달할 수 있다는 것을 말한다. 그리스도는 남을 위하여 자신을 희생하신 분이다. 교회의 선교는 그리스도의 삶으로 인류를 초대하는 일이며 가난을 세상에 알리는 일이다.

선교하는 교회

선교는 복음화의 다른 말이다. 세상의 복음화는 복음의 기쁨을 세상과 나누는 일이다. "너희는 가서 모든 민족들을 제자로 삼아라."(마태 28,19) 하신 예수님의 말씀을 실천하기 위해서는 그들의 삶이 펼쳐지고 있는 그들의 일상 속으로, 그들의 문화 안으로 '들어가야' 한다. 거기서 그들보다 먼저 그들 마음 안에 들어가 그들을 위하여 존재하시는 하느님의 음성에 귀를 기울이도록 해야 한다. 그런 의미에서 선교의 대상에는 '그리스도를 모르는 사람들이나 거부하는 사람'만이 아니라 '세례를 받았지만 세례의 요구대로 살지 않는 이들'도 포함된다. 프란치스코 교황은 이를 분명히 하여 『복음의 기쁨』에서 그리스도인은 개종을 강요하는 사람이 아니라 기쁨을 나누는 사람이어야 한다고 강조한다. 다른 민족에게 내가 입은 그리스도교의 옷을 입히는 것이 우리의 사명일 수 없다. 그리스도인은 "기쁨을 나누는 사람, 아름다운 전망을 보여 주는 사람, 그리고 풍요로운 잔치에 다른 이들을 초대하는 사람이다. 교회가 성장하는 것은 개종 강요가 아니라 매력 때문이다."[14]

교회일치를 위한 대화[15]

교회 일치를 위하여 우리는 복음에서 다시 시작해야 한다. 교황은 복음이라는 단어를 풀이하지 않는다. 그러나 그분은 '함께 함'이라는 말로 표현한다. 하느님의 나라가 가까이 왔다는 것은 하느님께서 '인류와 함께 하신다'는 것을 말한다. 여기에는 예외가 없다. 하느님은 인간이 제외시키고 버린 자들과도 함께 하신다. 이를 성경은 가난한 자, 힘없는 자, 이방인 등으로 표현한다. 하느님의 함께 하심에서 인류는 하느님의 사랑을 느끼고 구원을 느낀다. 기쁨은 '함께 함'에서 온다. 하느님을 믿는 사람은 하느님께서 인류와 '함께 하신' 사람과 함께 한다. 그는 가난한 자를 사랑하고 힘없는 자를 사랑하고 자기와 생각이 다른 사람(이방인)을 사랑한다. 복음 선포는 하느님의 이 크신 사랑과 구원을 알리는 것이다.

교회는 구유에 태어나서 십자가에 돌아가신 힘없는 예수님이 그리스도이시라고 고백하는 공동체다. 인류에게 기쁨을 선사하실 분이 마구간에서 태어나시고 십자가에서 처형되셨다는 고백은 인류에게 충격이다. 이로써 교회는 인류에게 묻는다. 우리는 마음을 마구간으로 향하게 할 수 있는가? 그 안을 들여다 볼 수 있는가? 그 안에 누운 아기를 하느님의 아들로 받아들이며 안아줄 수 있는가? 십자가에서 죽은 저 젊은이를 하느님의 아들이라 고백할 수 있는가? 우리는 우리의 인생을 이 예수님과 함께 할 수 있는가? 예수님을 만나기 위해서는 예수님처럼 구유에서 태어나야 하고 예수님처럼 십자가를 져야 한다. 구유에서 태어나 십자가에 달린 예수님의 모습은 변두리의 힘없는 자의 모습이다. 그 몸은 최후의 만찬 때 보여주신 성체(그리스도의 몸)에 드러난다. 붙잡히시기 전날 그분은 빵을 드시고 "이는 내 몸이다 받아먹어라." 하시며 빵을 쪼개어 제자들에게 나누어주셨다. 이 말씀은 "나는 여러분을 위하여 내 몸을 쪼개고 희생시킵니다. 여러분의 행복을 위하여 내 몸을 녹이며 사라집니다."라는 뜻을 내포하고 있다. 힘을 완전히 죽이고 사라지는 모습. 그 모습에서 인류는 사랑을 느꼈다. 돈과 힘이 강조될 때 거기서 폭력이 나온다. 인생을 기쁘게 살고 싶은가? 의미 있게 살고 싶은가? 기쁨을 자기의 몸에 모으려 하지 말고 자기의 몸을 희생시켜 남에게 선사하도록 하라. 자기의 몸을 기쁨을 선사하는 몸이 되게 하라.

"하느님의 말씀을 들어라. 십자가를 바라보아라. 너와 모든 이를 위하여 자신을 바치신 주님의 몸을 받아먹어라. 가서 그리스도인이 되어라. 믿는 이, 희망하는 이, 사랑하는 이가 되어라."[16]

교황의 한국 방문 목적은 시복식과 청년들과의 만남이었기에 다른 종교인과 만나는 시간은 형식적이라 할 만큼 짧았다. 그분이 한국을 떠나기 전 명동성당에서 종교지도자들과 만나 한 짧은 연설은 복음적이다. 이 연설에는 교회일치와 종교 간 대화를 위한 길이 제시되어 있다. "삶이라는 것은 길입니다. 혼자서는 갈 수 없는 길입니다. 다른 형제들과 함께 하느님의 현존 안에서 걸어가야 한다고 생각합니다. 그래서 이 자리에 함께해 주신 여러 종교지도자 분들께 진심으로 감사드립니다. 함께 걸어가는 겁니다. 하느님의 현존 안에서, 아브라함이 하느님께 청했던 길이기도 합니다. 우리는 형제들입니다. 형제들로 서로를 인정하고 함께 걸어가도록 하십시다."

교회일치 운동은 그동안 쟁점이 되었던 교의나 신학의 문제를 성급하게 풀기보다 예수님에게로 돌아가 그분이 펼치신 복음 운동을 함께 펼치는 데서 시작하면 어떨까? 사실 각 교회는 자기의 가르침과 전례, 법과 제도, 설교와 선교, 직무와 봉사가 인류의 행복을 위하여 있다고 믿고 있다.

그렇다면 이 믿음에 근거하여 세상의 평화를 위하여 함께 일할 수 있는 것은 무엇일까 하는 문제로 함께 고민할 수 있지 않겠는가. "'모든' 그리스도교파의 신학들이 '단지' 대립신학적인 옛 문제들만을 계속해서 토론하는 데 그치지 않고 – 물론 이도 필요한 일이지만 – 바로 '이러한' 질문들에 공동으로 새롭게 맞설 때만이, 진정으로 교회일치 신학을 하는 것이고 가까워진다."[17] 그러기 위해 서로 존중하는 마음을 가져야 함은 물론이고 인내심을 가지고 자신의 마음을 열고 용감히 자기를 쇄신하는 마음을 가져야 할 것이다.

소금의 존재 가치는 모든 음식을 짜게 하는데 있지 않고 자신을 녹여 다른 음식이 더욱 제 맛을 내게 하는데 있다. 우리가 교회일치를 이야기한다면 개신교는 더욱 개신교적이고 천주교는 더욱 천주교적인 맛을 내도록 기원하기 위해서이다. 그들의 믿음은 전례와 교리의 형태가 달라도 예수님의 복음에 근거하고 있고 바오로가 말한 것처럼 한 분 하느님, 한 분 그리스도, 하나의 교회를 믿기 때문이다.

교회의 미래는 함께 세상의 미래를 걱정하는 데서 시작한다. 인류의 미래는 돈과 힘, 소비주의와 개인주의로 가꾸어 나갈 수 없다. 이런 것들은 인류 공동체를 위협한다. 교회는 인류가 이 위협에서 벗어나는 길을 함께 모색하고 고민해야 할 것이다. 돈과 힘, 신자유주의로부터 위협을 받고 있는 인간이 나눔과 희생과 자기 죽임을 통해 실현되는 사랑의 신비를 체험하게 하는 것은 교회의 공동 과제이다. 교회 안에까지 침투한 이 유혹을 이기는 데 함께 힘을 모아야 할 것이다.

하늘나라는 이미 우리 가운데 와 있지만 이 위협은 세상 끝날까지 지속될 것이다. 하느님의 나라는 이미 왔지만 항상 시작하는 나라이다. 이 시작은 세상 끝날까지 지속되는 시작이다. 그래서 우리는 항상 출발해야 한다. 인내를 가지고 서로 존경하며 인류의 희망을 위하여 봉사하는 일로 용감하게 출발해야 한다.

　에페소서 4장에서 바오로가 "주님 안에서 수인이 된 내가 여러분에게 권고합니다."(1절)라는 말로 시작한 권고에 귀를 기울일 필요가 있다. "여러분이 받은 부르심에 합당하게 살아가십시오. 겸손과 온유를 다하고, 인내심을 가지고 사랑으로 서로 참아 주며, 성령께서 평화의 끈으로 이루어 주신 일치를 보존하도록 애쓰십시오. 하느님께서 여러분을 부르실 때에 하나의 희망을 주신 것처럼, 그리스도의 몸도 하나이고 성령도 한 분이십니다. 주님도 한 분이시고 믿음도 하나이며 세례도 하나이고, 만물의 아버지이신 하느님도 한 분이십니다. 그분은 만물 위에, 만물을 통하여, 만물 안에 계십니다."(에페 4,1-6)

주—

1) 2014년 한국기독자교수협의회 심포지엄.「교황 프란치스코의 방한과 한국 교회의 개혁과제」2014. 10. 31. 15~18시
2) 아시시의 프란치스코(1181/1182?~1226)는 부유한 포목상의 아들로 태어났으나 부친과 결별하고, 가난한 삶을 살았다. 재산과 인간적인 지식 소유를 거부하였고 교계 진출도 사양하였다.「태양의 노래」와「평화의 기도」가 잘 알려져 있다.
3) 프란치스코 교황,『복음의 기쁨. 현대 세계의 복음 선포에 관한 교황 권고』, 한국천주교중앙협의회, 2014. 이하『복음의 기쁨』으로 표기
4) 칼 라너,『공의회. 새로운 시작』, 김혁태 옮김, 도서출판 아름다운 2013, 25. (이하『새로운 시작』으로 표기
5) 『복음의 기쁨』, 93~97항 참조
6) 예수님도 당신의 복음을 선포하시기 위해 변두리(갈릴래아)로 가셨다. 그곳에서 하느님의 나라가 왔다고 선포하셨다. 변두리에서 기쁨을 발견하지 못한 사람은 어디를 가더라도, 비록 돈과 힘으로 지은 호화 궁전에 살게 되더라도 기쁨을 발견하지 못할 것이다. 마구간과 십자가도 세상의 변두리에서 일어난 일이다. 인생을 기쁘게 사는 비결은 변두리로 향하는 것이다.
7) 『복음의 기쁨』, 198항 참조
8) 『복음의 기쁨』, 93~97항 참조
9) 『복음의 기쁨』, 53항 참조
10) 『복음의 기쁨』, 93~97항 참조
11) 빠진 이유에 대해 주교회의의 한 관계자는 교황의 연설이 교황청에서 처음 보내준 연설문과 달랐기 때문이라고 해명했다.(「가톨릭뉴스 지금여기」참조. 아래 글「가톨릭뉴스 지금여기」에서 인용
12) 교황보다 더 교황적이라는 표현은 프란치스코 교황이 성직자들 앞에서 한 말이다.
13) 교황 프란치스코,『새 시대의 응답자』, 성바오로출판사, 2013, p.90.
14) 『복음의 기쁨』, 14항
15) 『복음의 기쁨』, 244~246항 참조
16) 『새로운 시작』, p.72~73
17) 『새로운 시작』, p.58.

교회개혁 8개 조

정양모 신부

❧❧❧

지구라는 행성에 생각하는 갈대가 돋아난 것은 언제쯤일까? 기나긴 세월이 흐르는 가운데 인간이 자신의 운명을 두고 깊이 성찰한 시대를 일컬어 기축시대(基軸時代)라고 한다. 대략 서기전 6세기에서 서기 1세기 사이로 보겠는데, 이 시대에 인도에선 석가, 중국에선 공자, 그리스에선 소크라테스, 이스라엘에선 예수 같은 여러 지성(至聖)이 태어나셨다.

예수는 율법을 금과옥조로 여기던 유대교를 혁신하기로 작심하고 번쇄한 613가지 율법조항을 하느님사랑과 이웃사랑으로 환원시키셨다. 이른바 사랑의 이중계명이다. 이를 유가식으로 표현한다면 경천애인(敬天愛人)이요, 불가식으로 표현한다면 상구신애 하화인애(上求神愛 下化人愛)이다. 당시 유대교 지도자들은 언감생심 엄두도 내지 못한 일을 예언자적 기질을 타고나신 예수께서는 감행하셨다. 성전제의에 매달린 제관들과 율법공부에 매달린 율사들은 이를 신성모독으로 확신한 나머지 총독의 힘을 빌려 서기 30년 4월 7일 금요일에 골고타 형장에서 예수의 목숨을 끊었다.

그렇지만 예수부활을 믿는 무리가 2천 년 동안 세계 곳곳에 나타나서 요즘 어림잡아 20억 명이 그리스도인으로 자처하고 있다. 그러나 21세기에 접어들면서 그리스도교는 현저히 매력을 잃어가고 있다. 그리스도교의 본산지랄 수 있는 유럽대륙은 노쇠현상이 뚜렷하다. 우리나라도 한동안 맹렬한 기세로 교회가 급성장하더니 이제 정체 또는 퇴행하고 있다. 미국 성공회 주교 존 쉘비 스퐁(John Shelby Spong)이 기독교의 위기를 절감하고 쓴 『기독교 변하지 않으면 죽는다』(한국기독교연구소, 2001)가 큰 반향을 불러일으키는 형편이다. 나는 YMCA에 대해서 문외한이라, 그리스도교 전반에 대한 성찰을 말씀드린다. 이것이 한국 YMCA 앞날에 조금이나마 보탬이 된다면 반갑고 고맙고 기쁘겠다.

　미국 캘리포니아주 시골에서 목회를 하는 글로즈 토드랜크(Stephen Glauz-Todrank)라는 목사가 1996년에 『기독교의 혁신』이라는 책을 펴냈는데, 그가 부르짖은 기독교 혁신 10개 조는 다음과 같다.(오강남, 『예수는 없다』, 현암사, 2001, 32~33쪽)

　　1. 배타주의에서 다원주의로
　　2. 상하구조에서 평등구조로
　　3. 저 위에 계시는 하나님에서 내 안에 계시는 하나님으로
　　4. 교리 중심주의에서 깨달음 중심주의로
　　5. 죄 강조에서 사랑 강조로
　　6. 육체 부정에서 육체 긍정으로
　　7. 현실 야합에서 예언자적 자세로
　　8. 종말론에서 환경론으로
　　9. 분열에서 연합으로
　　10. 예수님에 관한 종교에서 예수님의 종교로

　나는 위의 교회혁신 10개 조에 대체로 동의하면서, 내 나름대로 교회혁신 8개 조항을 만들어 본다. 이는 나의 평소 지론이다.

1. 예수에 대한 신앙에서 예수의 신앙으로

　20세기 독일 중심 성서학계에서는 예수의 역사적 실상을 밝히기 어렵다고도 하고, 아울러 그 역사적 실상보다는 오로지 그 분에 대한 신앙

이 소중하다고 강변하곤 했다. 그러나 내 생각은 아주 다르다. 우선 서기 전 600년에서 서기 100년 사이 이른바 기축시대에 나타난 석가, 공자, 소크라테스, 예수 등 사성(四聖) 가운데서 예수의 모습이 가장 잘 드러난다. 네 복음서와 그 배후에 깔린 구전을 면밀히 따져보면 예수의 전기를 밝히기는 어려워도 그분의 사상만은 분명히 밝힐 수 있다. 그리고 예수 자신의 신앙보다는 그리스도인들의 예수 신앙이 훨씬 소중하다는 발상은 상식적으로 이해하기 힘든 신앙 이데올로기라는 생각을 지울 수가 없다.

예수의 사상은 경천애인(敬天愛人)으로 집약된다. 우선 예수께서는 전대미문의 호칭을 써서 하느님을 아빠라고 부르셨고(마르 14,36), 그 영향으로 바오로도 하느님을 아빠라고 부르면서 기도했다(갈라 4,6; 로마 8,14-15). 아빠의 대칭은 아가다. 그러니 하느님은 그지없이 선하신 아빠시요 우리는 그 품에 안겨 놀이하는 아가들이라는 것이다. 이것이 예수와 바오로의 거룩한 영성이다. 하느님 아빠와 아가들인 우리의 관계는 부자유친이다. 어느 프랑스인 종교학자는 이렇게 술회했다. "내 아이를 안고서 처음으로 하느님 아버지에 대해서 묵상하던 때가 마치 어제 같다. 그때 한순간에, 이 아버지 상의 부정적인 면이 싹 사라졌다. 내가 아이를 사랑하듯이 하느님께서 나를 사랑하신다고 깨달았다."(드니 지라, 『연꽃과 십자가』, 생활성서, 2010, 82쪽). 그런가 하면 우리나라 성공회 어느 신부는 나를 쳐다보면서 단언했다. "제 아들을 위해서라면 저는 제 목숨도 바칠 수 있습니다."

예수께서는 하느님의 선하심을 여러 가지 비유로 말씀하셨다. 집 나간 아들의 귀가를 기다리는 아버지의 비유(루카 15,11-32), 선한 포도원 주인의 비유(마태 20,1-16)로써 예수께서는 하느님의 지선(至善)을 말씀하셨다. 그리고 렘브란트(1606~1669)는 두 가지 비유를 명암법을 써서 형상화했는데, 오늘날 두 가지 명화는 상트페테르부르크 에르미타주 미술관에 전시되어 뭇 그리스도인의 신심을 자극하고 있다. 모름지기 그리스도인은 예수님의 하느님 아빠 체험을 추체험(追體驗) 하도록 애쓸 일이다.

예수께서 쾌도난마 기법으로 이웃사랑을 설파하신 것은 너무도 잘 알려져 있다. 안식일법의 참뜻을 밝히신 말씀이다. "안식일이 사람을 위해서 생겼지, 사람이 안식일을 위해서 생기지는 않았습니다."(마르 2,27 200주년). 금기식품법을 파기하신 말씀이다. "사람 밖에서 사람 안으로 들어가서 사람을 더럽힐 수 있는 것은 아무것도 없다. 도리어 사람에게서 나오는 것이야말로 사람을 더럽힌다"(마르 7,15). 여성을 차별하여 만들어낸 이혼율을 반대하신 말씀이다. 예수께서 설파하신 이웃사랑은 함께 사는 이웃, 함께 배우는 이웃, 함께 일하는 이웃에서 시작하여 차츰차츰 넓게 번져나가야 한다. 막연히 인류애를 논하는 것은 공허한 이데올로기가 되기 십상이다. 사람이 죽어 저승에 갔을 때 하느님께서 보시고 "얘는 예수 닮았네." 하시면 그것이 곧 구원이다.

2. 현실 야합에서 예언자적 자세로

힘없는 사람들을 짓밟는 인권유린을 질타한 예언자 정신이 우리교회에 시퍼렇게 살아있으면 좋겠다. 예언자 반열에 속하는 예수께서는 버림받은 이들을 돌보시는 하느님 아빠를 깊이 의식한 나머지(루카 15장), 권력, 재력, 체력, 정력, 학력의 압제에 짓눌려 신음하는 소외된 자들을 매우 편애하셨다. 모름지기 참 그리스도인과 참 그리스도교회라면 힘 있는 자들과 야합하는 자세를 버리고 힘없는 이들 편에 서는 예언자적 자세를 취할 일이다.

한 가지 사례만 들겠다. 무슬림이 지켜야 할 다섯 가지 계율(五桂) 가운데 희사(자카트)는 수입의 40분의 1을 가난한 사람들에게 나누어 주라는 계율이다. 신심이 깊은 무슬림은 흔히 라마단 단식(샤움) 중에 희사를 실천한다. 그리스도교계에도 이와 비슷한 지침이 있으면 좋겠다. 각자의 소유에는 반드시 빈자의 몫이 있어야 한다는 도리가 생활화되면 좋겠다.

1975년 청송성당에서 겪은 일이다. 통일교 문선명 교주가 전국 군청 소재지에 무조건 통일교 예배당을 세우라는 명을 내렸다. 청송성당 옆에 아담한 통일교 예배당이 신축되더니 새로 부임한 젊은 목사가 나를 찾아와서 이런저런 이야기를 나누었다. 당시 안동교구에서는 나환자마을 다섯을 만들어 나환자들이 자립할 수 있게끔 보살피고 있었는데, 통일교 목사는 이를 몹시 못마땅하게 여겼다. 문둥이들을 도와서 무슨 생색이 나겠느냐는 것이었다. 통일교에서는 뉴욕 월도프 아스토리아 호텔에 미국 상류급 인사들을 모시고 화려한 연회를 베풀고, 일본 지도급 인사들을 동경 제국 호텔에서 극진히 접대하는데, 비까번쩍 빛이 난다는 것이었다. 나는 그때까지 통일교에 대해서 아는 바가 전혀 없었는데, 젊은 목사의 기막힌 충고를 듣고, 통일교는 예수 그리스도의 이름을 빙자한 이단이라고 확신하게 되었다.

3. 배타주의에서 종교다원주의로

제2차 바티칸 공의회에서 반포한 「비그리스도교에 관한 선언」 덕분에 가톨릭과 타 종교의 관계는 한결 부드러워졌다. 우리나라의 경우 1천 6백여 년 동안 겨레의 신심을 가꾸어온 불교와 가톨릭의 관계가 현저히 개선

되었다. 우선 양 교단은 스스럼없이 자주 만나고, 석탄일과 성탄절에 서로 축하 메시지를 주고받는다. 그렇지만 공동사업, 공동연구, 공동수련은 아직 걸음마 단계다. 이제 가톨릭 신앙인으로서 불교를 어떻게 보는지 담담히 적어보겠다.

그리스도교를 혁신하자면 예수께로 돌아가야 하듯이, 불교를 혁파하려면 석존에게로 돌아가야 하겠다. 방대한 불교경전 가운데 과연 어느 부분이 석존의 깨달음일까, 하는 문제를 심각하게 제기해야겠다. 석존(서기전 560~480)이 열반하고 133년이 지난 서기전 247년에 제3차 결집이 있었고 이때부터 불경이 기록되기 시작했다지만 최초의 불경은 지금 전해오지 않는다고 한다. 현존하는 불경 중 가장 오래된 빨리어 경전의 편찬 시기를 대략 서기 5세기경이라고 한다(오강남, 『불교, 이웃종교로 읽는다』, 현암사, 2006, 101~102쪽). 불경의 구전과정과 편찬과정은 서기 50~100년에 쓰인 네 복음서와는 비교가 되지 않을 만큼 길었다는 것이다. 그러기에 온갖 불설(佛說)을 석존의 입에 담는 현상이 나타난다.

월프레드 캔트웰 스미스(Wilfred Cantwell Smith)는 남방 상좌 불교경전을 연구하여 석존의 깨달음을 밝히고자 했다. 그는 『상유타 니카야』 「브라흐마 숫타」 '외경에 대하여' 라는 장에 있는 석존의 모습에 유의한다(유재동, 「하느님과 다르마·윌프레드 캔트웰 스미스의 불교관과 대승기신론을 중심으로」, 서강대 대학원 종교학과 박사학위 논문, 2003, 115쪽 중).

> 세존께서 깨달음을 이룬 바로 뒤였다. 그가 고요히 명상할 때에 그의 마음속에 다음과 같은 생각이 떠올랐다. '아무에게도 외경을 하지 않고 보다 나은 존재에게 순종을 하지 않고 사는 것은 옳지 못하다 … 내가 깨달은 이 다르마를 섬기며 외경하고 존경하며 산다면 어떨까?'

이때에 브라흐마 사함파티가 … 세존 앞에 나타나 다음과 같이 말한다. "그렇습니다. 세존이시여! 그렇습니다. 세존이시여! 과거의 아라한(나한), 붓다, 세존들도 다르마를 섬기며 외경하고 존경하며 살았습니다. 앞으로 아라한, 붓다. 세존이 될 분들도 다르마를 섬기며 외경하고 존경하며 살 것입니다. 붓다이신 세존께서도 오직 다르마를 섬기며 외경하고 존경하며 사소서"

이 거룩한 말씀이 석존의 친언(親言)이라면 그리스도교의 신앙언어와 표현은 다를지언정 내용은 아주 닮았다고 생각된다. 석존은 다르마(진리)를 깊이 깨닫고 지성으로 섬겼다. 예수께서는 하느님 아빠를 깊이 깨닫고 지성으로 섬겼다. 석존은 신들이 난무하는 인도의 다신교 종교계에서 살았기에 '하느님'을 피했고, 예수는 조상들의 유일신 '하느님'을 정화했던 것 같다. 석존의 후학 용수(서기 150-250년경)는 다르마를 공(空)이라고 했으며, 예수의 후학 요한계 작가는 하느님을 사랑이라고 이름 지었다(1요한 4,8-16). 궁극적 실제를 표현할 때 불가에서는 전통적으로 부정적 언사를 즐겨 쓰고, 그리스도교계에선 긍정적 표현을 즐겨 쓰는 게 다르다면 다르다 할까? 석존은 깨달음을 강조하고 예수는 신앙을 강조했는데, 이는 상호보완적 언설이 아닐까 한다. 석존과 예수는 산 시대와 산 장소가 달라서 표층적 차원에서는 퍽 달라 보일지라도, 심층적 차원에서는 서로 반기리라고 본다. 석존과 예수에 관한 이 단상을 장차 능통한 후학이 나타나서 수정 또는 보완해 주기 바란다. 어쨌거나 유아독존식 아집을 버리고 종교다원주의 입장에서 타종교들을 끌어안으면 자기 자신의 종교를 더욱 깊이, 더욱 넓게 이해하는 탄탄대로가 열릴 것이다.

불행히도 종교계는 아집이 강해서 타종교를 배척하는 경향이 강하다.

특히 우리나라 개신교가 그렇다. 최근의 사례 한 가지만 들겠다. 울산 개신교 어느 목사(43세)는 2012년 8월 17일 울산 야음성당에 들어가 석고 성모상을 바닥에 내려놓고 소변을 갈겼다. 그도 모자라서 8월 23일엔 또 다시 성모상을 내려놓고 대변을 보았다. 8월 20일엔 대구 동화사 산신각에 침입해서 불경을 찢고 정화수 사발에다 오줌을 가득 채웠다. 그는 정신병자임에 틀림없지만, 평소부터 성상과 불상을 우상숭배로 여긴 개신교식 잠재의식이 발동해서 저 망측한 짓을 했다고 본다.

4. 죄 강조 대신 사랑 강조의 영성으로

서양문화는 죄의식의 문화이고, 동양문화는 수치심의 문화라는 말이 있는데 이 말이 얼마나 참된지는 모르겠으나, 성서와 그리스도교에서 죄, 속죄, 사죄를 유별나게 강조하는 것만은 틀림없다. 마르틴 부버(Martin Buber, 1878~1965)는 동유럽 랍비의 입을 빌려 죄 중심의 부정적 영성에서 사랑 중심의 긍정적 영성으로 방향을 바꿀 필요성을 이렇게 말했다(마르틴 부버 지음, 장익 옮김, 『하씨딤의 가르침에 따른 인간의 길』, 분도출판사, 1977. 42쪽).

"잘못을 저지르고 나서 줄곧 그 잘못에 대한 말만 하고 생각만 하는 자는 자기가 행한 저열한 그것을 마음에서 뿌리치지 못하고 있는 형편입니다. 사람이란 생각이 가 있는 거기에 갇혀 있고 그 사람 영혼이란 생각하는 그것에 온통 잠겨 있게 마련이므로, 그런 자는 저열한 것에 머물고 있는 것입니다. 그는 결코 돌아서지 못할 것입니다. 왜냐하면 그의 정신은 점점 거칠어지고 마음은 점점 완고해지며 더

구나 우울함에 억눌리기 쉽기 때문입니다. 그래, 어쩌자는 말입니까.
똥을 이리 쓸고 저리 쓸어 본들 똥은 똥입니다. 내가 죄를 지었는가
안 지었는가 해봐야 하늘에 무슨 소용이 있단 말입니까. 그렇게 꿍
꿍거릴 겨를이 있으면 차라리 하늘을 기쁘게 하기 위해 진주알을 꿰
고 있을 수도 있는 일입니다. 그러기에 성서에도 '악을 떠나 선을 행
하라'고 했습니다. 악에설랑 아예 돌아서서 더는 거기 마음을 쓰지
말고 선을 행하십시오. 그대는 잘못을 저질렀습니까. 그렇다면 선을
행함으로써 이에 대처하십시오."

"제 죄를 제가 알고 있사오며 제 잘못이 늘 제 눈앞에 아른거립니다"
(시편 51,3 공동번역) 라는 말씀대로 인간은 죄의식을 지니게 마련이지만, 죄
의식도 지나치면 마음의 평화를 잃게 된다. 사도 바울로가 그처럼 강조한
'영성의 기쁨'(1데살 5,16)을 만끽할 수 없게 된다.

5. 상하구조 교회에서 평등구조 교회로

지금의 가톨릭교계 제도는 중세 유럽 봉건사회제도의 영향으로 형성되
었다. 황제·왕·영주·기사·농노제도가 교황·주교·사제·평신도로 제도화
한 것이다. 교황과 주교의 치장은 황제나 왕의 치장을 흉내 낸 것이다(존
셀비 스퐁,『기독교 변하지 않으면 죽는다』, 한국기독교연구소, 2001, 216~217쪽). 그
러나 사도 바울로가 교회 안에서 인종, 신분, 남녀의 차별을 없앤 것은 잘
알려진 사실이다. "이제는 유대인도 없고 헬라인도 없으며, 노예도 없고
자유인도 없으며, 남성도 없고 여성도 없습니다. 여러분은 모두 그리스도
예수 안에서 하나이기 때문입니다."(갈라 3,28; 참조 1코린 12,12-13 필자번역).

마태오는 교회 공동체 설교(23장)에서, 그리스도교회 안에서는 선생·아버지·지도자 따위의 세 가지 존칭을 쓰지 말라고 했다. "여러분은 선생이라고 불려서는 안 됩니다. 사실 여러분의 선생은 한 분이요 여러분은 모두 형제들입니다. 또한 여러분은 땅에서 누구를 여러분의 아버지라고 부르지 마시오. 사실 여러분의 아버지는 오직 한 분, 하늘에 계신 분입니다. 여러분은 지도자라고 불려서도 안 됩니다. 여러분의 지도자는 오직 한 분 그리스도이기 때문입니다."(마태 23,8-11 필자번역)

사도 바울로가 그리스도교계에서 남녀차별이란 있을 수 없다고 단언했건만 아직도 가톨릭은 여성을 차별한다. 남존여비 사상이 당연시되던 지난 시대에는 그랬다고 하더라도, 남녀평등 사상이 보편화된 21세기에도, 단지 여성이라는 이유 하나만으로 사제직을 거부하는 가톨릭의 남성위주 성직제도는 매우 낡아빠진 제도이다. 그리고 예수께서 마태오 복음작가의 입을 빌려, 우리교회 안에서는 선생·아버지·지도자 존칭을 쓰지 말라고 했건만, 가톨릭이 이 금지된 존칭들을 즐겨 쓰는 것은 교회직분을 무슨 권세인 양 착각하기 때문이다. 금지된 세 존칭 가운데서 가톨릭은 '아버지' 존칭을 상습적으로 입에 담는다(敎皇聖父, 神父, 師父, 代父). 러시아의 문호 도스토예프스키(1821~1881)는 대하소설 『카라마조프의 형제들』 제5편에서 「대심문관」의 입을 빌려, 권세에 집착하는 가톨릭은 그리스도를 저버리고 악마와 손을 잡았다고 맹공을 가했다. "우리(가톨릭)는 예수 그리스도 당신과 손을 잡고 있는 게 아니라 악마와 손을 잡고 있소. 이게 바로 우리의 '비밀'인 셈이지. 우리는 이미 오래 전부터 당신을 버리고 악마와 한 패가 되어 왔었소. 벌써 8세기 전부터의 일이지 … 우리는 악마의 손에서 로마와 황제의 칼을 받아 쥐고, 우리만이 이 지상의 유일무이한 왕자라고 선언했지." 도스토예프스키는 스페인 세비야에서 수백 년 동안 자행된 종교

재판에 치를 떤 나머지 저 무시무시한「대심문관」전설을 채록했을 것이다. 교회직분을 봉사로 보지 않고 무슨 권력으로 본다면 도스토예프스키의 맹공을 피할 길이 없을 것이다. 교회직분을 봉사로 이해할 때만 여성사제직 도입도 의미가 있다. 만일 그렇지 않다면 여성이 남성의 권력에 편승하겠다는 술책밖에 안 되겠다.

6. 표층신앙에서 심층신앙으로

표층신앙인들은 경전에 실린 낱말 하나 하나를 영원불변의 진리라고 생각하는 순진한 종교인이다. 이런 입장을 취하는 대표적 종교가 이슬람이다. 이슬람이 현대사회에 적응하지 못하는 가장 큰 이유가 표층신앙에서 벗어나지 못하기 때문이다. 그리스도인 절대다수도 축자영감설에 따라 성경의 글자 하나하나를 만고불변의 진리로 여기는 표층신앙인이다. 옛날 옛적 머나먼 고장, 우리와는 아주 다른 문화권에서 태어난 성경이, 오늘날 정보기술이 고도로 발달한 한반도에서 살고 있는 우리에게 무슨 의미가 있는지 깊이 되새기는 그리스도인은 가뭄에 콩 나듯이 드물다. 예수처럼 하느님을 아빠로 느끼고 이웃을 자신처럼 아끼는 심층체험을 하지는 못할지라도, 예수의 경천애인 심층체험을 눈여겨보고 나름대로 본받겠다는 추체험(追體驗)이라도 해야만 참 그리스도인이라 하겠다. 그렇지 않으면 매주자(賣主者)가 되기 십상이다.

성경을 이해하는 데 역사비평적·해석학적 안목이 절실히 필요하다면, 하물며 지난 2천 년 동안 그때그때 시대적 필요에 따라서 만들어 낸 교리와 윤리를 재이해할 필요가 있다는 것은 두 말하면 잔소리다. 시대적 요구에 따라서 성경에서 우려낸 것이 교리요, 윤리 아닌가. 아울러 하느님의 계시는 구약·신약 성경으로 끝나지 않았고 인류역사와 더불어 계속된다고 봐야겠다. 구약성경에서는 정액과 월경을 불결한 것으로 여겼다. 그리고 축첩과 이혼을 허용했다. 예수께서는 이혼은 부부일신의 도리를 거스르는 것으로 간주하여 이혼불가를 선언하셨다(마르 10,5-9). 그렇지만 사도 바오로 때부터(1코린 7,15) 지금에 이르기까지 가톨릭교회에서는 신앙을 보호한다는 취지로 이혼·재혼을 허락하곤 한다. 요즘에는 세계적으로 이혼·재혼이 많이 늘어나는 추세다. 미국 부부의 25%가 이혼한다는데 미국 가톨릭도 예외가 아니다. 사목적으로 그 많은 이혼부부를 돌보지 않을 수 없는 형편이다.

예수나 바울로는 노예제도를 당연시했지만, 미국 16대 대통령 에이브러햄 링컨(1809~1865)은 목숨을 걸고 노예제도를 철폐했고, 우리나라에선 1894년 갑오경장 때부터 종들이 풀려났다. 오늘날엔 전 세계적으로 인권과 자유, 남녀평등이 당연시되고 있다. 폭력과 전쟁에 대한 저항도 점점 강해지고 있다. 그래도 성경으로 계시가 완결되었다고 우길 것인가? 천부당만부당한 말씀이다. 하느님의 계시는 아직도 계속된다. 역사는 계시의 현장이다. "세속화의 과정은 하느님의 나라가 도래하는 방법으로 이해될 수도 있다는 의미이다."(로이드 기링, 『기로에 선 그리스도교 신앙』, 한국기독교연구소, 2005, 353쪽).

이와 관련하여 신학하는 방법을 재고할 필요가 있다. 성경에서 출발하여 인간사를 풀이하는 연역적 방법도 필요하겠지만, 인간사에서 출발하여 성서를 풀이하는 귀납적 방법도 병행해야 하겠다. 두 가지 방법 중 하나만 사용하지 말고 함께 병용할 때 신학이 인생을 풀이하고 돕는 제구실을 할 수 있을 것이다.

7. 교훈적 강론에서 복음선포로

매주 한 차례 모든 계층의 신도들에게 신앙의 신비를 밝히는 강론이야말로 지극히 소중한 일인데, 이 강론이 쉽지 않다. 어머님은 내 강론을 듣고 만족하신 때가 없었다. 언젠가 나를 따끔하게 나무라셨다. "이 어미 귀에도 안 들어오는 강론이 교우들에게 먹혀들겠나? 기왕 들을 것 없으니 짧게 해라. 교우들의 아까운 시간 빼앗지 말고." 그래서 강론을 짧게 했더니, 개신교에서 가톨릭으로 개종한 할아버지가 항변한다. "개신교 목사들은 적어도 30~40분 간 설교하는데, 왜 신부님들은 말을 시작하다가 마는가요?" 강론이 길거나 짧은 것보다는 어떻게 하느냐가 문제겠다.

강론의 착안점은 두 가지다. 우선 성서, 특히 복음서에서 출발한다. 예수님의 말씀과 사화의 전승과정과 기록과정에 대한 공부가 밑바탕에 깔려 있어야겠다. 설교자는 역사의 예수와 신앙의 그리스도에 관한 안목을 지니고서 인생사를 풀이해야겠다. 두 번째 착안점은 현실이다. 나날이 변화하는 우리의 현실에서 문제를 찾아내고 성서에 답변을 요구하는 식이다. 성서여, 이 문제에 대해서 대답하라! 그리하여 강론을 들은 청중이 성당이나 예배당을 나서면서 오늘 예수 그리스도 공부를 제대로 했다고 생각한다면 좋은 강론이겠다. 청중이 예수님의 복음 말씀 따라 기쁘게 살고, 예수님의 구원행적 따라 홀가분하게 살 수 있는 힘을 얻었다고 여긴다면 훌륭한 강론이겠다. 예배당 또는 성당을 나서는 교우들의 얼굴에 화색이 돌면 가장 멋진 강론이겠다.

8. 참되고 착하고 아름다운 교회를 그리워하며

동서고금 세 가지 가치를 꼽으라면 누구나 진선미라고 한다. 교회에선 진실을 추구하는 교리, 선함을 권장하는 윤리를 강조하는 데 비해서 상대적으로 아름다움을 소홀히 하는 것 같다. 유럽 미술사에서 바로크 시대까지만 하더라도 가톨릭은 미술 시장의 큰 고객이었지만 그 이후로는 미술을 보는 안목이 어두워져 지난 2백여 년 동안 신앙과 미술이 결별한 상태이다. 이 간극을 메우려고 노력한 선각자 쿠튀리에(Marie-Alain Couturier, 1897~1954) 신부가 주축이 되어 교회미술 부흥운동을 일으켰다. 그 결과 1950년 전후하여 프랑스 알프스 산중에 아시(Assy) 성당이 꾸며졌고, 앙리 마티스(1869-1954)는 1948~1951년 니스 근교 방스에 매우 아름다운, 도미니코 수녀원 경당을 짓고 꾸몄다.

우리나라 가톨릭의 경우 유럽 교회미술이 쇠퇴했을 때 성당들을 짓기 시작했기 때문에 빼어난 건축과 내장을 찾아보기 어렵다. 1970년 무렵부터 활발히 전개된 경제개발 덕분에 세계에서 가장 많은 교회를 신축하는 나라가 우리나라이건만, 돋보이는 건축과 내장이 아직은 드문 형편이다. 교회가 진실과 선함의 가치와 더불어 아름다움의 가치를 회복하기를 바라는 마음 간절하다. 교회 건축과 내장뿐 아니라, 음악, 연극, 영화, 문학까지 아우르는 심미적 영성운동이 일어난다면 더없이 행복하겠다.

❦ ❦ ❦

평소부터 마음에 품고 있던 교회개혁 8개 조를 적어보았다. 이는 유토피아적 발상이라 당장 온 교회적으로 실현되기 어려운 꿈이다. 그렇지만 꿈 없이는 못 사는 게 인생 아닌가. 교회는 변하지 않으면 썩는다. 변하는

게 덕이다(變德). 그리스도인 개개인이, 나아가서 교회가 이 혁신 방향으로 한 걸음 한 걸음 나아간다면 더 바랄 게 없겠다. 그렇게만 된다면 내 입에서 시므온 할아버지의 찬양이 절로 나오겠다. "주님, 이제 이 종을 평안히 풀어주시나이다. 과연 제 눈으로 주님의 구원을 보았나이다."(루카 2,29-30 필자번역)

수도자와 공동체

이제민 신부

1. 매력 있으면서도 매력 없는 수도자 삶

내년이면 제2차 바티칸 문헌인 '수도생활 쇄신에 관한 교령' 반포 50주년을 맞게 되는데, 이에 맞춰서 수도자가 아닌 교구 신부의 눈(이제까지 강사들이 주로 수도자들)에 비친 수도자들의 모습에 대하여 이야기해달라는 부탁을 받았다. 현재 한국 교회가 성찰해야 할 보다 보편적이고 넓은 지평에서 깨어있는 의식을 가지는 데 도움이 되는 3가지 주제를 제시하며 그 중 하나를 선택해서 이야기해 달라는 것이었다.

1순위 : 한국 교회에서 수도자들의 삶의 방향, 수도자들이 기여할 수 있는 것, 해야 하는 것.
2순위 : 신부님께서 수도자들에게 주실 수 있는 모든 자유로운 주제.
3순위 : 제2차 바티칸 정신에 따른 그리스도교 일반 신앙에 관한 주제.

이 중에서 나는 첫 번째 주제를 선택했는데, 그 이유는 점점 이기적으로 변해가는 세상을 생각할 때 미래에는 지금보다 더한 공동체 의식이 전 지구적으로 필요하고, 그 공동체 의식은 수도원에서 가장 이상적으로(?) 실현될 수 있으리라 보기 때문이다. 무엇보다도 공동체 의식은 세상에 복음을 선포해야 하는 큰 교회의 과제이기도 한 때문이다. 수도원 안에서 강조되는 복음삼덕도 궁극적으로는 세상과 큰 교회가 따라야 할 영성이다. 복음삼덕이 수도자만을 위한 것일 수 없기에 큰 교회를 생각하며 공동체와 복음삼덕에 초점을 맞추어 이야기하고자 한다.

공동체와 복음삼덕에 대해 이야기를 꺼내는 것 자체가 현대인에게는 시시콜콜하고 고리타분한 담론으로 비칠 수 있겠지만 인생을 행복하게 사는 비결(복음)을 선포하는 교회로서는 결코 피할 수 없는 주제이다. 이에 우리는 무엇이 이 주제를 고리타분한 것으로, 때로는 기피해야 할 것으로 만들었는가, 이 주제가 왜 고리타분한 것이 되었는가, 하는 반성어린 질문을 던져야 한다. 이 질문은 수도자 각 개인에게 다음과 같은 질문으로 던져질 수 있다. "수도원 생활이 기쁜가? 수도원 생활을 하면서 행복을 느끼는가?" 그 답은 다시 공동체 생활과 복음삼덕에 관한 것으로 귀결된다.

지금 우리 사회의 문제점은 개인주의와 여기에 기인한 이기주의가 팽배해지면서 공동체 의식이 깨지는 데서 찾아볼 수 있다. 이런 상황에서 복음삼덕은 수도자나 지켜야 할 덕으로 인식되고, 물질적인 풍요와 욕망과 힘이 행복의 근원인 것처럼 찬양받는 세상에서 교회마저 그 추세를 따라 순수하지 못한 집단으로 변해간다. 슬픈 일이다. 세상을 살리기 위해 교회를 살려야 한다. 교회는 가난과 순명과 순결이 자기의 근본임을 깨달아야 한다. 교회는 이 세 가지가 왜 복음삼덕인지 깨달아 실천해야 한다. 이런 의미에서 수도원은 공동체 생활과 복음삼덕 때문에 교회를 살리는 원동력이다.

수도자는 자신이 살고 있는 가난과 정결과 순명의 복음삼덕과 공동체 생활이 인생이 살아야 할 근본 가치라고 믿는다면, 지금껏 이를 지키며 살아온 수도생활이 헛된 것이 아닐 뿐만 아니라 온 세계가 행복과 기쁨의 삶을 찾기 위해 반드시 지켜야 할 근본 덕이라고 믿는다면, 온 인류가 청빈과 정결과 순명이라는 복음삼덕을 기초로 하는 공동체의 삶을 살 수 있도록 자신의 몸으로 보여주면서 수도원을 살려야 한다. 수도원이 쇠퇴하여 사라진다면 누가 세상에 공동체 삶의 중요성과 복음삼덕을 이야기할 수 있겠는가.

수도자는 수도원의 생명이 다했다는 세간의 우려를 불식시키고 새로운 비전과 프로그램을 제시해야 한다. 그러기 위해 수도원을 쇄신하는 일에 적극 나서야 한다. 수도원의 원천에 충실할 때 가능할 것이다. 여기서 원천에 충실하다는 말은 이미 지나간 옛 생활 형태를 붙들고 고수한다는 뜻이 아니다. 많은 그리스도인이 그리스도의 원천에 충실해야 한다며 그리스도에 대해 이야기하고, 복음에 충실해야 한다며 복음화를 외치지만 그들이 외치는 그리스도는 예수님의 그리스도가 아니고 그들이 선포하는 복음은 예수님의 복음이 아닌 경우가 많다.

이 시간이 '수도생활 쇄신에 관한 교령' 반포 50주년을 맞아 성찰하는 시간인 만큼 이 교령을 바탕으로 이 주제를 다루어야겠지만 프란치스코 교황이 2013년 말 교황 베네딕트 16세가 선포한 사제의 해, 신앙의 해에 이어 2014년 11월 30일부터 2016년 2월까지를 수도자의 해로 선포한 것도 생각해보고자 한다. 한 달 후면 수도자의 해가 시작된다. 프란치스코 교황은 이 해에 주교와 수도원의 관계도 중요한 테마가 될 것이라 했다. 교황은 자기가 수도자라는 것을 강조하면서 "세상을 일깨워라! 다른 행위의 증인이 되어라!(Weckt die Welt auf! Seid Zeugen eines anderen Handelns!)"고 수도자들에게 호소한다. 수도생활의 쇄신을 강조한 공의회가 끝난 이후 지난 반세기를 뒤돌아보는 것만이 아니라 미래의 전망을 내다보는 것이 관건이다. 남녀 수도자들은 지난 날 위대한 수도원의 역사를 되새기는 것으로 족할 것이 아니라 미래에도 줄지 않는 아름답고 위대한 역사를 쓰도록 부르심을 받았다는 것을 의식해야 한다. 수도원의 위기를 '죽음의 대기실' 상황으로 볼 것이 아니라 오히려 '심연으로부터 성장'을 위한 시간(카이로스)으로, 호기로 보아야 한다.[1]

이 이야기를 나는 복음에서 시작하고자 한다. 복음은 우리 삶의 근본이고 공동체와 복음삼덕은 이를 위하여 있기 때문이다. 수도생활 교령도 교황이 선포한 수도자의 해도 근원적으로는 복음에 근거한 것이며 세상을 복음으로 이끌기 위한 것이다.

　복음은 기쁜 소식이다. 나는 복음을 '인생을 기쁘게 사는 비결'로 이해한다. 예수님께서 복음을 선포하셨다는 것은 인류에게 '인생을 기쁘게 사는 비결'을 선포하신 것이다. 복음이 기쁜 소식이라는 문자적 의미를 알아도 그 비결을 모른다면 그 기쁜 소식이 내 인생에 무슨 도움이 되겠는가. 복음이 기쁜 소식이라는 단어적인 뜻을 아는 것이 중요한 것이 아니라 그 비결을 깨닫고 이를 실천하는 것이 중요하다. 세상을 복음화 한다는 것은 세상에 이 비결을 선포하여 세상이 기쁘게 살게 하는 것이다. 그런데 우리는 복음이라는 단어를 입에 달고 다니면서도 그 비결은 모르고 신앙할 때가 많다.

　예수님께서 천국에 대해 이야기하신다면 천국이 기쁨의 경지이기 때문이다. 우리는 인생의 기쁨과 행복을 어디서 찾는가? 예수님은 분명히 말씀하신다. 하느님 나라가 가까이 왔다고. 기쁨과 행복은 저 멀리 무지개 건너편에 따로 있지 않고(우리를 기쁘고 행복하게 할 공간이 저 멀리 따로 있지 않고) 우리의 일상에 감추어 있다. 일상을 떠나서는 행복할 수 없다. 저 조그만 겨자씨에서 온갖 새들이 깃들이며 지저귀는 소리를 들을 수 있을 때, 보잘것없는 이 인생에서 하느님의 자비를 느낄 수 있을 때, 지저분하고 냄새나는 구유에 누워 있는 불쌍한 아기에게서 하느님의 아들을 만날 수 있을 때, 나를 죽음으로 이끄는 고통과 절망의 십자가에서 영원한 생명을 느낄 수 있을 때, 우리는 천국을 체험할 수 있을 것이다. 눈앞에 보이는 저 인간이 좁쌀 같다고 무시하지 않고, 내가 처한 상황이 지저분한 시궁창 같다고 좌절하거나 분노하지 않으며, 고통스러운 현실을 원망하거나 피해가지 않을 때, 우리 앞에 기쁨의 경지가 펼쳐질 것이다. 그때 우리는 남에게 기쁨을 선사하는 존재로 살게 될 것이다. 기쁨과 행복은 돈으로 사거나 힘으로 쟁취할 수 있는 것이 아니라 나를 비우고 녹이며 희생하는 데서 형성되는 경지다.

수도 공동체는 복음에 근거한 기쁨의 삶을 세상에 보여주고자 하는 공동체다. 지난 8월 16일 교황은 한국 수도 공동체들과의 만남에서 놀랍게도 이를 강조하였다. 그는 말한다.

"타인을 위해 존재한다는 것은 하느님 나라의 현존을 보여 주는 만질 수 있는 표징이며 천국의 영원한 기쁨을 앞당기는 것이다. 우리의 증거가 기쁨에 찬 것이어야 사람들을 그리스도께로 끌어당길 수 있을 것이다. 그리고 이 기쁨은 기도 생활과 하느님 말씀 묵상과 성사 거행과 참으로 중요한 공동체 생활에서 자라나는 선물이다. 이러한 삶이 부실해지면, 우리 여정의 초창기에 그토록 친밀하게 알았던 그 기쁨을 흐리게 하는 나약함과 어려움이 나타날 것이다."

그러면서 교황은 계속 말한다.

"하느님께 봉헌된 사람들인 여러분에게 그러한 기쁨은 십자가 위 그리스도의 희생 제사 안에서 드러난 하느님 아버지의 자비라는 신비 안에 뿌리내리고 있다. 여러분 수도회의 카리스마가 관상을 더 지향하든 활동 생활을 더 지향하든, 여러분의 과업은 바로 공동체 생활을 통하여 하느님의 자비에 대한 '전문가'가 되는 것이다. 공동체 생활이 언제나 쉽지는 않다는 것을 저는 체험으로 압니다만, 공동체 생활은 마음의 양성을 위한 섭리적인 토양이다. 아무런 갈등이 없기를 기대한다는 것은 비현실적이다. 몰이해가 생기면 그것을 직시하여야 한다. 그러한 어려움 속에서도, 우리는 바로 공동체 생활을 통하여 자비와 인내와 완전한 사랑 안에서 성장하도록 부름 받고 있다."

그러면서 권고한다.

"기도와 공동체 안에서 키워 가는 하느님 자비의 체험이 여러분의 존재 전체와 활동 전체를 형성하여야 한다. 여러분의 정결과 청빈, 순명은 하느님 자비의 반석 위에 굳건하게 머무는 그만큼 하느님 사랑에 대한 기쁜 증언이 될 것이다."

이런 바탕에서 공동체와 복음삼덕을 살펴본다.

2. 공동체

다음과 같은 질문을 던져본다. 대한민국이라는 공동체는 있는가? 인류 공동체는 있는가? 그리스도교 공동체, 천주교 공동체, 교구 공동체, 본당 공동체는 있는가? 신심 단체는 공동체로 존재하는가? 공동체 의식이 약해져가는 현실에서 공동체가 강조된다면 끼리끼리의 공동체, 이기적인 공동체, 배타적인 공동체가 강조되는 것은 아닌가? 강대국은 강대국끼리 경쟁하고 협력하면서 약소국을 무시하며 자기 공동체를 강조하고, 그렇게 한 교회 안에서도 교구와 교구의 벽은 높아지고 있다.

내가 있는 곳은 밀양 명례이다. 지난 8월 교황님이 오셔서 시복한 신석복 마르코 순교자의 고향이다. 순교자가 시복될 때 '밀양의 신석복 마르코'로 소개되었다. 하지만 밀양 본당 신자들에게 순교자는 밀양 사람이 아니라 마산 사람이다. 밀양 본당은 부산 교구에 속해 있고, 밀양의 변두리에 위치한 명례는 마산교구에 속해 있기 때문이다. 순교자를 높은 교구의 벽에 가두고 그를 기리는 우리의 모습이 부끄럽다. 명례는 세 번째 방인 사제인 강성삼 신부님이 사목하다 돌아가신 곳이다. 신부님은 부산 용호동 성직자 묘지에 묻혀 있다. 삼랑진에 묻혔다가 용호동으로 이장하면서 비석은 돌고 돌아 현재 언양 본당에 있다. 언양 본당 신자들에게 이 비석은 낯설다. 그래서 강 신부님이 사목하다가 돌아가신 명례로 옮기려고 하였으나 교구가 달라 이루어지지 않았다. 명례가 부산교구 땅이었다면 어떻게 되었을까? 교구의 벽은 만리장성보다 견고하다. 개인주의적이고 이기적으로 변한 단체, 끼리끼리의 모임도 공동체라 할 수 있을까? 인류 공동체가 깨어질 때 세상은 더욱 이기적인 집단으로 변할 것이며, 그 안에서 인간다운 삶은 기대하기 어려울 것이다.

은퇴 사제와 은퇴 수도자는 교구와 수도원이 풀어야 할 과제이다. 어떤 수도원에서는 그 방안으로 본당에 파견된 수녀원에 은퇴 수녀님을 한 분을 보내기도 한다. 이는 본당 공동체를 이해하는 데 좋은 기회다. 평생을 수도원과 같이 해온 원로 수녀의 인생에 신자들이 귀를 기울이는 것은 중요하다. 그게 공동체의 장점이다. 우리는 힘없는 자는 그저 도움을 받아야 할 존재로 여기며 그들의 음성에 귀를 기울이지 못한다. 그들에게 귀를 기울인다면 아프다고 불평하는 소리이지 그들의 인생이 아닐 때가 많다. 사회는 이런 귀 기울임을 요구한다. 버림받은 자와 소외 받은 자들의 아픔에 귀 기울이는 것을 넘어 그들의 인생에 귀를 기울여야 한다. 그들은 보호의 대상이기만 한 것이 아니라 공동체와 함께 사는 공동체의 공동 주체다.

공동체 삶

1) 공동체는 인간이 인간으로 살기 위해 꼭 필요한 삶의 형태여서 인간의 입을 통해 가장 많이 강조되면서도 가장 부담을 느끼는 단어 중의 하나다. 공동체 삶이 그만큼 어렵다는 말일 것이다. 공동체의 삶이 어렵다는

것은 인간다운 삶을 산다는 것이 또 그만큼 어렵다는 말도 될 것이다. 나 자신도 수도자의 삶에 무한 매력을 느끼면서도 정작 발을 들여놓지 못한 까닭은 정해진 시간에 규칙적으로 일어나 단체로 기도하고 단체로 밥 먹어야 하는 등 공동체 생활이 부담스러웠기 때문이다.

독일 말에 "Ein Mensch ist kein Mensch." 라는 관용구가 있다. 인간은 혼자서는 인간이 아니라는 말이다. 인간은 인류로 존재한다. 남과 연대하지 않는 인간은 인간이 아니다. 공동체를 이루지 않는 인간은 인간이 아니다.

인간은 본래 공동체적이다. 성경에 의하면 인간은 처음부터 그렇게 창조되었다. 하느님께서 아담을 창조하시고 에덴에 살게 하셨다. 그리고 그를 보시고 "사람이 홀로 있는 것이 좋지 않다."고 하시며 하와를 창조하셨다. 아담은 하느님께서 데려오신 하와를 보고 외친다. "이야말로 내 뼈에서 나온 뼈요 내 살에서 나온 살이로구나!"(창세 2,23) 아담은 하와를 보면서 비로소 자기 자신을 발견한 것이다. 아담은 하와와 공동체를 이루면서 비로소 인간이 된 것이다. 이렇게 볼 때 하느님의 인간 창조는 아담의 창조로 완성된 것이 아니라 하와를 만들면서 비로소 아담이라는 인간의 창조가 완결된 것이다.

공동체를 이루지 못하는 인간은 인간이 아니다. 인간이면서 인간이 아니다. 인간이 되기 위하여 그는 다른 성과 다른 사람과 하나가 되어야 한다. 인류 한 사람 한 사람을 보면서 "내 뼈에서 나온 뼈요 내 살에서 나온 살이다." 하고 말할 수 있어야 한다. 내가 인간으로 살고 있는지 없는지 그 여부는 내 이웃이, 나와 언어와 종교와 문화가 다른 인간이 '내 뼈의 뼈요 살의 살'로 보이는가에 달려 있다.

인간은 처음부터 공동체적으로 창조되었다. 인간은 공동체 안에서 사는 존재이기만 한 것이 아니라 공동체로 살기 위하여 존재하며, 공동체의 모습이 그대로 인간의 모습이다. 공동체는 그 모습 자체로 인간의 모습을 드러낸다. 인간이 공동체를 위하고 공동체를 살려야 하는 것은 자기 자신을 위하는 일이고 또 자기를 살리는 일이다.

2) 수도자는 홀로 고독을 즐기기 위해 수도원에 들어온 자가 아니다. 주변이야 시끄럽든 말든 자기만의 평화와 안정을 얻고, 홀로 마음을 모으며 기도하기 위해 수도원에 들어왔다면 그는 수도원에 오래 머물지 못할 것이다. 완덕은 혼자 이르는 것이 아니다.

예수님께서 새벽에 홀로 기도하러 산에 오르시는 장면은 늘 군중과 함께 하신 후였다. 복음서를 보면 기도 후 그분은 다시 군중 속으로 들어가셔서 군중과 공동체를 이루신다. 군중 속에서 군중을 어루만져주시고 병을 고쳐주신다. 그리고 병 나음을 받은 사람에게 '일어나 가라' 하시며 그를 다시 일상의 터로 돌려보내신다. 사회로부터 소외된 이들을 고쳐주신 것도 이런 면에서 한 개인의 고통을 덜어주시는 일을 넘어 사회와의 관계를 회복시켜주신 일이었다. 개인의 병이 아니라 사회의 병을 고쳐주신 것이다. 인류와의 공동체는 복음을 선포하시는 그분의 최대 관심사였다. 자기만의 행복, 자기만의 구원을 위하여 기도하는 개인주의에 빠진 사람은 자기가 인류 공동체 가운데 있다는 사실을 간과한다. 남을 경쟁자로 보는가 하면 적대시하며 밟고 넘어서야 할 존재로 본다. 그에게는 세상도 인간도 모두가 딛고 넘어서야 할 대상이 된다. 그런 가운데 병이 깊어진다.

수도원은 이런 병을 치유하기 위해 모인 공동체라고 생각한다. 그러기에 수도원 안에서는 자기만을 위한 기도, 자기만을 위한 묵상이 있을 수 없다.

이 삶에 대하여 수도생활 교령은 말한다. 공동생활을 보전하며 살아가고 있는 수도자는 "그리스도의 지체로서 형제 생활에서 서로 존중하며(로마

12,10 참조), 서로 남의 짐을 져 주어야 한다.(갈라 6,2 참조)"(수도생활 교령 15항)

나는 물론이고 모든 수사와 신부 수녀들이라고 일반 신자들보다 이 영성에 더 가까이 따라 살고 있다고 생각하지 않는다. 수도원이나 세상이나 다 같은 인간들이 모여 사는 곳인 만큼 그 모습도 크게 다르지 않다. 수도원이나 세상은 모두 갈등 속에 살아간다. 다르다면 세상은 이 갈등을 마음속 깊은 곳에 숨겨 두고 있어서 잘 느끼지 못할 수 있지만 수도자들은 이 갈등을 몸으로 느끼며 고민하며 산다는 것이다. 이 고민이 수도자의 것이기만 한 것이 아니라는 점에서 세상도 자기 자신을 하나의 커다란 수도원으로 인식할 수 있어야 한다.

수도 공동체는 세상의 고민과 함께 하는 곳이다. 그들은 이 고민을 방해하는 유혹에 대해서 잘 알고 있다. 이 유혹에 넘어갈 때 인간은 개인주의적인 행동을 하게 되고 인류와 연대를 하지 못하게 된다. 교황은 『복음의 기쁨』에서 이런 유혹을 부추기는 요소로 돈과 힘을 든다. 세상의 평화는 돈과 힘만으로 주어지는 것이 아니다. 수도 공동체는 이 유혹을 이기는 데 원동력이 된다. 그런 의미에서 수도원은 인류에게 공동체 의식을 다시 찾아 줄 수 있다. 아니면 적어도 "어떻게 인류가 자기가 인류 공동체에 속한다는 것을 깨우쳐 줄 수 있겠는가?" 하는 문제로 고민할 수 있게 한다.

고민하는 자만이 문제를 해결할 수 있다. 나 자신이 이런 고민을 하면서도 수도자가 아닌 것은 수도자의 공동체 생활을 하는 데 자신이 없었기 때문이다. 사실 이것이 우리 세속 사제들의 문제다. 은퇴 후 생활에 대해 고민하는데 교구는 사제관을 지어 거기서 공동으로 살기를 원하나 대부분의 사제들은 혼자 살기를 희망한다. 공동체 생활을 하는 데 익숙하지 않은 것이다. 평생 신자들과 함께 살았다고 하면서, '함께하는 삶'을 강조하였으면서도 자신은 정작 공동체 생활을 못하는 것이다. 세상이 수도자의 고민과 함께 하기 바란다.

3) 공동체가 파괴되면 그 안에 사는 인간들의 인간성도 파괴된다. 이는 악순환하여 인간성이 파괴되면 공동체도 파괴된다. 공동체의 파괴는 그대로 인간 삶의 파괴를 의미한다.

공동체를 살리고 살리지 못하고에 따라 인류는 살아날 수도 공멸의 길을 걸을 수도 있고, 그와 함께 개인도 활기찬 삶을 살 수도 죽은 삶을 살 수도 있다. 공동체는 개인의 구원을 위하여 있고 개인은 공동체 의식으로 살아야 한다. 개인이 모여 공동체를 이루고 공동체는 개인주의를 치유하는 것이어야 한다. 이기적인 인간이 모인 공동체는 모래알을 모아 놓은 것과 다를 바 없다.

파괴의 원인은 무엇일까? 앞에서 언급한 창세기의 아담과 하와의 이야기에 이미 제시되어 있다. 아담과 하와는 서로를 통해 자기의 인간성을 발견했지만 자기의 잘못을 서로에게 미루면서 공동체성을 깨고 인간성도 파괴하였다.

공동체의 삶이 현대인에게 매력을 잃어간다면, 그 원인은 개인주의의 발달과 그로 인한 '함께 하는 삶'이 점점 더 어려워지고 있기 때문일 것이다. '함께 하는 삶'은 자기희생을 요구한다. 현대인에게 자기희생처럼 대단히 부담스런 단어도 없는 것이다. 여기에는 돈과 힘이 크게 작용을 한다. 부와 힘이 인간을 갈라놓으며 공동체 의식을 깨뜨리고 있다.

4) 프란치스코 교황은 교황이 되고 나서 교황 관저가 아닌 산타 마르타의 손님방에 살기로 하였는데 모든 사람과 함께 하는 공동체의 삶을 보여주기 위해서다. 아니 바깥 또는 변두리와 차단된 중앙에 살 수 없었던 것

이다. 그는 고백한다.

"언제나 저는 공동체를 찾고 있었어요. 저 자신을 혼자 사는 사제로 간주하지 않았지요. 다시 말해서 공동체가 필요했던 것입니다. … 교황궁 안에 자리한 교황 관저는 화려하지 않아요. 오래되고 세련되고 크지만 화려하지는 않아요. 하지만 결론적으로는 깔때기를 거꾸로 엎어놓은 것 같은 모양이에요. 커다랗고 널찍하지만 입구가 정말이지 좁아요. 그런데 전 아니에요. 전 사람들 없이는 살 수가 없어요. 저에게는 제 삶을 다른 사람들과 함께 사는 것이 필요하지요."[2]

계속해서 교황의 이야기를 들어보자.

"식별은 표징들을 바라보면서, 특히 가난한 사람들의 소리에 귀를 기울이면서 항상 주님의 현존 앞에서 이루어집니다. 저의 선택은, 검소한 자동차를 사용하는 것과 같이 삶의 평범한 차원에서 연결된 그런 선택들도, 영적 식별에 연결되어 있는데, 이 영적 식별은 사물과 사람들, 시대의 징표를 읽어내는 데서 나오는 어떤 요구에 대한 응답입니다. 주님 안에서의 이런 식별이 통치 방식에서 저를 인도합니다."[3]

함께 하는 삶

1) '함께 하는 삶'을 복음의 삶에 근거하여 살펴보고 이를 위협하는 원인을 살펴본다. 이 원인이 교회 안에까지 침투되어 있다.

'함께 하는 삶'은 복음에 근거한 것이다. 프란치스코 교황은 『복음의 기쁨』에서 공동체의 중요성을 강조하는데, 복음에 근거하여 특히 '함께 하는 삶'을 강조한다. 사실 복음의 기쁨은 '함께 하는 데'서 온다. 복음은 기쁜 소식이다. 인류가 기쁘게 살아가는 비결이다. 이 비결을 깨친 사람이 기쁘게 살 수 있다. 그런데 그 비결이라는 것이 "하느님의 나라가 가까이 왔다"는 것이다. 다른 말로 표현하면 하느님께서 우리 가운데, 우리와 함께 계시다는 것이다. 하느님께서 우리와 함께 공동체를 이루고 있다는 것이다. 하느님과 함께 하는 자는 하느님께서 함께 하시는 사람들과도 함께 해야 한다. 그럴 때 인간은 하느님께서 자기에게 기쁨 자체이듯 다른 사람에게 기쁨이 될 수 있을 것이다. 복음을 선포하는 자는 함께 하는 사람이다. 예수님께서 복음을 선포하실 때 가난하고 소외 받은 이들을 우선적으로 찾으신 이유도 이 때문이다. 그분은 사람들이 '함께 하지' 못하여, 또는 '함께 하기' 싫어서 따돌리고 소외시킨 자들을 찾아서 그들과 '함께 하신' 것이다. 그들에게 예수님은 복음 자체였다. 아니 그 이전에 그들은 예수님에게 복음 자체였다. 공동체는 이 '함께 하심'의 다른 표현이다.

공동체는 단순히 인간들이 모인 집합체가 아니다. 공동체는 '함께 하는 삶'이 이룬 형태이며 '함께 함'이 인간의 본질임을 표현한다. 공동체를 거부하는 것은 '함께 하는 것'을 거부하는 것이며 인간으로 살기를 포기하는 것이다. 함께 하는 것을 거부하면서 인간은 인간으로 살 수 없다.

'함께 하는 삶'에 대해 수도생활 교령을 간단하게 언급한다. "수도 공동체는 주님의 이름으로 모인 참된 가족이며 거기 계시는 주님과 함께 기쁨을 누린다(마태 18,20 참조). … 형제들의 일치는 그리스도께서 함께 계심을 드러내며(요한 13,35; 17,21 참조), 이 일치 안에서 커다란 사도적 힘이 솟아난다."(15항)

2) 『복음의 기쁨』 113: "교회가 기쁘게 선포하는 이 구원은 모든 이를 위한 것이다. 하느님께서는 모든 시대의 사람들을 당신과 하나 되게 하는

길을 마련해 주셨다. 하느님께서는 사람들을 고립된 개인이 아니라 한 백성으로 불러 모으기로 결정하셨다. 그 누구도 혼자서는 구원 받을 수 없다. 곧 고립된 개인으로나 자신의 힘만으로 구원 받을 수 없다. 하느님께서는 인간 공동체 생활에 따른 복잡하게 얽힌 인간관계를 고려하시어 우리를 이끄신다. 하느님께서 선택하시고 부르신 이 백성이 바로 교회이다. 예수님께서는 제자들에게 배타적인 엘리트 집단을 만들라고 하지 않으셨다. 예수님께서는 '너희는 가서 모든 민족들을 제자로 삼아, 아버지와 아들과 성령의 이름으로 세례를 주어라.'(마태 28,19) 하고 말씀하셨다. 바오로 성인은 하느님 백성인 교회 안에 '유다인도 그리스인도 없고, … 여러분은 모두 그리스도 예수님 안에서 하나입니다.'(갈라 3,28) 하고 밝히고 있다." 교회에서 멀어졌다고 생각하는 이들도 이 백성의 일원이다.

3) 함께 하는 삶에 대한 몇 가지 단상
- 함께 하는 삶 = 복음
- 주님께서 여러분과 함께(미사 시작)
- 가난한 이와 함께
- 고통 받는 이와 함께
- 수도 공동체는 이들과 함께 하는 삶을 보여주는 원형이다.
- 함께 하는 삶 = 성체성사의 삶, 소금의 삶
- 5천 명을 먹이신 이야기: 어떻게 5천 명을? 함께 하심, 자비가 축복을 받았다.
- 착한 사마리아인의 비유. 착한 사마리아인은 길에서 강도를 만나 사경을 헤매는 사람과 공동체를 이루면서 참 인간의 모습을 보여 주었다. 반면 사제나 레위인은 인간의 모습을 보여주지 못했다.

- 마태오복음 25장 최후의 심판. 천국은 참 인간으로 산 자가 드는 경지이다. 인간으로 살지 못한 자는 들 수 없는 경지다. 가난한 사람과 함께 인생을 엮어간 사람이 들 수 있는 경지다.

교회의 유혹

교황은 『복음의 기쁨』에서 개인주의적이고 이기적인 현상이 교회 안에까지 영향을 미치고 있다고, 교회가 돈과 힘을 전부로 여기는 세상의 유혹을 받고 있다고 지적한다. 자신을 희생 제물로 바치신 그리스도를 받아 모시고자 모여 그리스도를 찬양하면서도 그리스도처럼 자기를 희생 제물로 바치겠다는 생각은 하지 않고 오로지 자기만의 구원과 행복을 생각하며 성체를 받아 모신다면 미사를 드리는 그 공동체는 알알이 흩어지는 모래 더미와 다르지 않다. 그것은 공동체가 아니다. 그러나 불행하게도 자기희생을 기피하고 싶은 심리는 미사를 드리는 교회 안에도 특히 성직자들 안에도 침투되어 있다. 공동체의 이름을 빌린 단체가 진정한 의미의 공동체로 새로 탄생하는 치유를 받지 않고서는 인간은, 인류는 물론 그리스도인은 점점 이기적인 울에 갇히어 불행할 수밖에 없다. 세상과 교회의 역사를 통해 볼 때 공동체 의식이 상처를 입을 때 인류는 가장 큰 상처를 입었다.

공동체 삶이 방해를 받는 데에는 돈과 힘도 작용한다.
이기주의와 개인주의가 공동체 삶을 방해한다.
성직자 중심과 권위주의가 공동체 삶을 위협한다.

세상의 도전에 응할 수 있는 마지막 보루라 생각되는 성직자와 수도자의 삶이 이 유혹을 견디지 못한다면, 그렇게 세상의 도전에 교회가, 성직자가, 수도자가 속수무책으로 쓰러져 간다면 누가 이 세상을 구할 수 있을까? 누가 이 세상에 희망을 불러일으킬 수 있을까? 누가 이런 이기적이고 개인적인 세상의 도전에 굴하지 말라고 조언할 수 있을까? 누가 세상에 연대성과 공동체성을 찾아 줄 수 있을까? 수도원의 공동체가 깨어질 경우 누가 세상에 공동체에 대해 이야기할 수 있을까?

세상은 비록 수도자의 삶을 살지 못하지만 그들 마음속 깊은 곳에서는 그 삶을 동경하고 있다. 수도자의 길을 엄두내지 못하는 마음속 깊은 곳에서는 알게 모르게 수도자가 되고 싶은 마음이 감추어 있다.

수도 공동체에게 바람

누가 어떻게 이 공동체를 살릴 수 있는가? 물론 교회가 이를 사명으로 삼아야 하지만 교회는 성직자 중심주의와 권위주의를 치유할 과제를 안고 있다. 이런 뜻에서 나는 교회를 변화시키고 세상을 변화시킬 수 있는 힘은 수도원에서 나온다고 말하고 싶다. 수도자는 공동체의 삶을 생의 근본으로 삼기 때문이다. 남을 위하여 자신을 포기하는 삶은 공동체를 추구하는 인생의 참 모습이다. 수도자의 이 삶은 세상이 추구해야 할 가치이며 그들의 공동체 삶은 세계가 이루어야 할 가치이다.

12세기 교회의 구석구석까지 세속화의 물결이 휘몰아쳤을 때 클뤼니 수도원 안에서 일기 시작한 영성이 온 교회를 변화시키며 세상에 영향을 미쳤다. 지금의 상황이 그때와는 비록 양상이 다르다 할지라도 교회가 변하고 그 힘으로 세상이 변화되기를 갈망하는 마음은 그때와 다르지 않다. 세상은 교회의 변화를 원한다. 부정적인 뜻으로는 교회가 너무 세상을 닮았기 때문이고 긍정적인 의미로는 교회가 변해야 그 힘으로 세상이 변할 수 있기 때문이다.

인류 공동체는 돈과 힘의 유혹을 심각하게 받고 있다. 그것은 세상이 돈과 힘을 경제와 창조라는 고운 옷을 입혀 이야기하는 것으로도 알 수 있다. 경제는 영어로 economy인데 여기서 '에코(eco)'의 그리스어는 오이코스(oikos)다. 오이코스는 집이라는 말로 경제는 지구를 큰 집으로 관리하는 것을 말한다. 경제는 본래 공동체적이다. 그런데 돈을 버는 것을 경제로 이해한 현대인은 경제라는 이름으로 오히려 지구를 파괴하고, 창조를 인간이 마음대로 할 수 있는 힘으로 이해한다. 이런 왜곡된 개념으로는 지구를 살릴 수 없을뿐더러 오히려 파멸을 자초하게 된다. 이 유혹은 극도의 개인주의와 상대주의로 이어진다. 이 도전과 유혹은 물론 어제 오늘 시작된 것이 아니다. 돈과 물질이 행복한 인생을 위하여 유일한 것처럼 강조되고 개인주의가 팽배한 오늘엔 더욱 심각하다. 누가 지구와 인류 공동체를 이 파괴에서 구할 것인가? 명례 언덕 아래 비탈에 한 문중의 재실에서 자기네 선조를 기리며 커다란 시비를 세웠다. 자연의 아름다움을 노래한 시를 새긴 커다란 돌비석을 세우기 위해 주변 자연을 마구 훼손시켰으니 누가 그 시비에서 자연의 아름다움을 느낄 수 있을까? 돈과 힘을 자랑하는 인간의 마음이 징그럽다.

수도원이 말하는 공동체 정신과 복음삼덕은 인류의 근본 마음이다. 복음삼덕은 수도자가 지켜야 할 덕일 뿐 수도자가 아닌 사람은 지키지 않아도 되는 것처럼 여기는 것은 오산이다. 복음삼덕은 인류가 살아남기 위하여, 인간이 인간으로 살기 위하여 모두가 근본으로 삼아야 할 덕이다. 수도자가 이 덕을 사는 것은 자기 혼자만 성덕에 도달하기 위해서가 아니다. 수도 공동체가 현실적인 도전에 굴복하고 유혹에 넘어간다면 인류 공동체는 누가 살릴 수 있을까. 수도자들이 이 유혹을 견디는 것은 세상을 위한 것이기도 하다.

이럴 때일수록 수도자는 수도의 삶을 통해 수도자의 희생적인 삶을, 복음삼덕의 삶으로 공동체의 삶을 보여 주어야 할 것이다. 나는 이것이 무리한 요구라는 것을 안다. 그러나 세상 모든 이들의 삶 안에 감추어 있는 이 영성을 세상이 그리워하고 있다는 것 또한 안다.

수도원이 세상의 병을 고칠 수 있는 것은 공동체성 때문이다. 세상은 수도원을 필요로 한다. 점점 이기적이고 개인주의적으로 변해가는 세상에서, 교회마저 이를 닮아 이기적이고 자기중심적으로 변해가는 세상에서, 수도자의 공동체 영성은 세상(교회)이 새롭게 찾아야 할 영성이며 그런 의미에서 세상(교회)의 희망이라 할 수 있다. 그런데 수도자까지 세상에 휩쓸려 가는 것은 아닌지 우려하면서 수도자가 이 영성을 잃는다면 과연 누가 이 영성을 세상에 찾아 줄 수 있을지 걱정하지 않을 수 없다.

이런 마음으로 수도자가 아닌 내가 수도자에 대해서 생각하고, 이와 관련하여 교회와 세상이 수도자의 삶을 갈망하고 있다고, 그런 의미에서 수도자의 삶이 세상의 미래라고 말하는 것은 성직자뿐만 아니라 수도자의 성소가 날로 줄어드는 현실을 외면한 시대착오적인 말로 비칠 수도 있고, 수도자의 환심을 사려고 아부하는 발언으로 들릴 수도 있을 것이다. 그러나 성소자의 수가 줄어드는 현상은 세상의 변화와 무관한 것이 아니고, 세상이 이런 식으로 변화 되어서는 안 된다고 생각하는 것은 나만의 생각이 아닐 것이라 생각하며 용기를 가진다. 돈과 힘에 의존한 변화는 세상을 더욱 어렵게 만들 것이 분명하다. 이런 의미에서 꺼져가는 성소자의 수를 다시 살리는 것은 시대의 과제가 될 수 있다. 물론 그러기 위해 우리의 사고가 바뀌어야 한다. 꺼져가는 불씨를 살리는 것은 과거가 아니라 원천의 삶으로 돌아가는 것이어야 한다.

세상이 돈과 힘에 의존한 사회로 변질되어 가는 데는 교회(수도원)도 자유로울 수 없다. 교회도 세상의 관심에 동승하여 돈과 힘을 강조하는 삶을 강조하였고, 이것은 일반 신앙인들의 마음에까지 침투하여 그들로 하여금 물질적으로 기도하게 하였다. "믿으면 부자 된다", "믿으면 하는 일마다 잘 된다"는 식의 이야기가 이를 증명한다. 자기희생적 미사를 드리면서도 자기만의 행복을 위하여 기도했다. 교회가 이런 식으로 광신적이고도 주술적인 기도를 하는 자들의 집단이 될 때, 돈과 힘에 의존하는 세상을 비판하면서도 세상보다 더 악랄하게 돈과 힘에 의존하는 모습을 보일 때, 누가 세상을 물질주의와 이기주의로부터 건져낼 수 있을 것인가. 프란치스코 교황은 이를 '영적 세속성'이라는 말로 표현하였다. 이 개념은 나중에 보게 될 것이다. 사람들은 교회의 이런 모습에 식상하기 시작했다. 세상에 실망한 사람들이 교회에 대해 실망하는 자들로 나타나는 예도 늘어났다.

하지만 비록 소수일지라도 뜻있는 소수가 사회와 교회에 희망을 불러일으킨다는 것도 분명하다. 지난 세월호 사건 때 사람들은 그 사태를 대한민국의 상황에 곧잘 비유하였다. 자기만 살리는 사람들이 모인 사회의 모습, 돈과 힘에 의존한 사회가 빚은 현상이라는 것이다. 그러나 그게 어디 대한민국이라는 나라에 국한된 현상이겠는가. 그것은 또한 교회의 현상이기도 하다. 교회 안에서도 우리는 나만을 위한 기도, 나만의 구원과 행복을 위하여 기도를 바치고 있는 것이다. 내 가정, 내 교회만을 위하여 기도하면서 다른 이들의 구원에 무심하였던 것이다. 그러나 그 침몰하는 세월호에는 자기만 살기 위해 승객보다 먼저 탈출한 선장만 있었던 게 아니라 남을 살리기 위하여 자기의 목숨을 내놓은 박지영 양과 같은 소수의 의로운 사람들도 있었다. 이들이 우리에게 희망을 준다. 이들이 우리 사회에 던진 자기희생적인 사랑에서 우리는 다시 시작해야 한다. 이 희생이 우리의 희망이다. 그들은 자기의 목숨을 바치면서 우리 사회가 무엇을 갈망해야 하는지, 무엇이 우리의 희망이어야 하는지를 보여주었다. 이를 붙들지 못하면 우리는 평화를 영원히 맛볼 수 없을 것이다. 그동안 우리는 돈과 힘에 눈이 멀어 이 희망을 멀리하였다.

이 희생은 우리로 하여금 남에게 눈을 돌리게 한다. 내가 아닌 남과 하나의 공동체임을 강조한다. 그동안 우리는 나만의 행복을 추구하면서 이 공동체에 무심하였다. 아니 공동체로부터 탈출을 시도하였다. 그것이 수도원에서도 일어나는 것이다.

수도원의 본바탕은 공동체 생활이다. 공동체는 자기희생 없이는 이루어질 수 없다. 이런 의미에서 수도원은 세상의 희망이다. 세상에 희망의 불씨를 일으키는 바탕이다. 이 강의의 주제인 공동체의 의미에 대해서 이야기하고자 한다.

3. 수도자와 복음삼덕

우리가 예수님을 좋아하는 이유는 무엇인가? 예수님을 믿는 이유는 무엇인가? 성당에 다니는 이유는 무엇이며 성체를 영하는 이유는 무엇인가? 이 모든 것이 내게 유익하기 때문이라고 생각한다면 우리는 대단히 이기적이다. "받아 먹어라. 이는 내 몸이다." 하신 말씀에서 잘 드러나듯이 예수님은 당신 자신을 위하여 살지 않으시고 남을 위하여 목숨을 내놓으신 분이다. 그런데 우리는 그런 분을 믿으면 내게 복이 온다는 식으로 이기적으로 믿고, 그리스도교는 그렇게 이기적으로 믿는 자들의 집단이라는 인상을 심어줄 때가 많다.

이런 이기적인 삶을 반성하게 하며 우리를 예수님의 삶으로 안내하는 데에 수도자의 삶이 근원적인 도움을 준다고 생각한다. 수도자는 그 누구보다 청빈과 정결과 순명을 덕으로 삼고 사는 인간이기 때문이다. 수도생활 교령은 복음삼덕으로 시작한다. 교령은 1항에서 "교회에는 복음적 권고를 실천함으로써 더 자유롭게 그리스도를 따르고 더 가까이에서 그분을 본받고자 하여, 각자 나름대로 하느님께 봉헌된 생활을 하는 남녀들"이 있었다면서 이들을 "동정이시고 가난하시며(마태 8,20; 루카 9,58 참조) 십자가 죽음에 이르기까지 순종하심으로써(필리 2,8 참조) 인간을 구원하시고 거룩하게 하신 그리스도를 따라, 자기를 하느님께 특별한 방법으로 봉헌한" 사람으로 서술한다. 이들은 "더욱더 그리스도와 그분의 몸인 교회를 위하여 살아가는" 사람들이며, 이들을 통해 사도직이 "더 풍성한 열매를 맺게 된다."고 말한다. (수도생활 교령 1항)

우리는 청빈과 정결과 순명이 복음삼덕이라 불리는 것에 유념할 필요가 있다. 이 세 가지는 복음의 삶을 살기 위하여 갖추어야 할 근본 덕이다. 이 셋은 수도자의 삶의 양상이기만 한 것이 아니라 모든 인간이 갖추어야 할 덕이다. 이 세 가지 덕은 수도원 생활을 잘 하기 위한 덕이라기보다 오히려 가난하고 정결하고 순명하는 삶을 살기 위해서 수도자의 길을 걷는 것이라고 할 수 있다. 수도자는 이 세 가지 덕이 인생의 목표임을 안다. 수도자가 복음삼덕의 삶을 살고자 하는 것은 혼자 최고조의 영성에 오르기 위해서가 아니다. 수도생활은 자기만을 위한 삶이 아니기 때문이다.

수도생활을 그렇게 생각했다면 그 생각을 바꾸도록 해야 할 것이다.

수도생활 교령 2항은 '수도생활의 적절한 쇄신'에 대해서 말하며 수도자는 "모든 그리스도인 생활의 원천과 그 단체의 초창기 영감으로 끊임없이 되돌아가고", "변화하는 시대 상황에 적응" 해야 한다고 말한다. "회원들이 영적 쇄신으로 활력에 넘치지 않는다면, 현대의 요구에 대한 최선의 적응도 아무런 효과를 거두지 못한다는 사실을 진지하게 숙고하여야 한다."

복음의 권고를 서원하는 마음에는 인류와의 연대성이 작용해야 한다. 하느님은 그들을 인류 공동체에서 분리시켜 부르신 것이 아니다. 수도생활 교령이 세속의 포기를 이야기한다면 세상이 자기 안에 감추어 있는 거룩함을 표현하지 못하는 속적인 것으로 변하여 하느님을 위하여 살지 못하기 때문이다.

수도자에게 요구되는 영성 생활은 세속에 감추어 있는 영성을 사는 데 있다. 세속을 떠난 영성이란 그 자체로 모순이다.

"복음적 권고를 서원한 이들은 우리를 먼저 사랑하신 하느님을(1요한 4,10 참조) 모든 것에 앞서 찾고 사랑하여야 하며, 모든 상황에서, 그리스도와 함께 하느님 안에 숨겨져 있는 생명을(콜로 3,3 참조) 증진하도록 노력하여야 한다. 여기에서 세상을 구원하고 교회를 이루어 나가게 하는 이웃 사랑이 흘러나오고 재촉을 받는다. 이 사랑으로 복음적 권고의 실천 자체도 활력을 얻고 인도를 받는다."(수도생활 교령 6항)

청빈과 정결과 순명은 수도원 안에서만 살아야 하는 덕목이 아니라 모든 인간이 자기가 살고 있는 세상에서 인간으로 살기 위해 갖추어야 할 근본 덕목이다. 가난은 돈 없이 사는 것이 아니고 정결은 결혼하지 않는 것이 아니며 순명은 줏대 없이 무조건 복종하는 것이 아니다. 돈이 없고 결혼하지 않았고 복종 잘 한다고 복음삼덕의 삶을 사는 것이 아니다. 그냥 가난만 강조하고, 결혼하지 않는 것을 강조하고, 복종을 강조한다면 그것은 어떤 단체의 지침은 될 수는 있어도 덕이 될 수 없다. 이것들은 덕이다. 이기적인 삶에서 이타적인 삶으로 살게 하는 덕이고, 이타적인 삶이 인간의 본질이요, 목표임을 말해 주는 덕이며 그렇게 살게 하는 덕이다. 복음의 삶을 살기 위한 덕이며, 기쁘게 살기 위한 덕이다.

이 덕이 많은 이들에게 매력적인 감동을 주지 못하는 것은 이 덕이 복음에 근거한 것(복음삼덕)임을 깨치지 못한 때문이다. 이는 이 덕이 '함께 하는 삶'의 근본임을 알지 못한 때문이다. 교회가 세상을 향하여 외치는 정의의 소리는 교회가 복음적일 때, 청빈하고 정결하고 순명할 때 힘이 있다. 수도원은 청빈과 정결과 순명이 왜 복음삼덕인지 알게 해준다.

수도자가 지키는 이 덕은 그들의 몸을 통해 온 세상을 향하여 비추어야 할 것이다. 인류가 나아가야 할 빛!

수도자는 혼자서 명상하고 기도하는 사람이 아니다. 그가 홀로 기도한다면 그것은 인류의 심장 속으로 들어가기 위해서이다. 예수님이 군중을 돌려보내신 뒤 따로 산으로 가시어 홀로 기도하신 것은 군중을 떠나는 것이 아니라 그들의 마음속으로 더 깊이 들어가기 위해서이다.

예수님을 좋아하면서도 예수님처럼 살지 못하고 프란치스코를 좋아하지만 프란치스코처럼 살지 못하는 것은 덕이 없어서일 것이다.

가난

프란치스코 교황은 취임 이후 특별히 가난을 강조하였다. 그는 한국 수도 공동체들과의 만남에서 가난은 '방벽'이자 '어머니'라고 강조한다. 방벽이라고 한 것은 봉헌 생활을 지켜 주기 때문이고 어머니라고 한 것은 성장하도록 돕고 올바른 길로 이끌어주기 때문이다. 그리고 말한다. "청빈 서원을 하지만 부자로 살아가는 봉헌된 사람들의 위선이 신자들의 영혼에 상처를 입히고 교회를 해친다. 또한 순전히 실용적이고 세속적인 사고방식을 받아들이려는 유혹이 얼마나 위험한 것인지 생각해 보라. 이는 우리의 희망을 인간적인 수단에만 두도록 이끌며 우리 주 예수 그리스도께서 사셨고 우리에게 가르치신 청빈의 증거를 파괴한다." 이런 점에서 교황은 '세계화와 소비주의'가 수도자에게 미치는 위협을 경고한다.

교황이 가난을 강조하는 것은 돈과 힘의 유혹이 너무 커 가난의 삶을 살기가 어렵기 때문이기도 하다. 경제가 세상에 평화를 주지 못한다. 오히려 가난한 이들과 연대하는 마음과 그들에게 순종하는 마음이 사회에 평화를 주며 어두운 세상을 다시 밝힐 수 있다. 극도로 이기적인 개인주의가 창궐하는 세상에서 세상을 살리는 길은 돈과 힘이 아닌 복음삼덕이다. 세상은 이를 깨우쳐야 한다.

수도생활 교령은 가난을 "부유하셨지만 우리를 위하여 가난하게 되시고 가난해지심으로써 우리를 부유하게 하신(2코린 8,9; 마태 8,20 참조) 그리스도의 가난"(13항)에서 찾으며 예수님의 가난에 참여하도록 권한다. 가난은 단순히 돈이 없는 상태가 아니며 또 "장상의 허락을 받고 재화를 사용하는 것"(13항) 만도 아니다.

가난은 "가난한 사람들의(마태 19,21; 25,34-46; 야고 2,15-16; 1요한 3,17 참조) 생계를 위하여, 기꺼이 자기 재산의 일부를 내어 놓는" 행위를 통하여 나타난다. 그러기에 이 교령은 "수도 관구들이나 수도원들은 재산을 서로 같이 나누어, 더 많이 가진 곳은 곤궁에 시달리는 수도원들을 도와주어야 한다."고 강조한다.

교회가 가난한 이들과의 연대를 강조하는 목소리는 교회가 가난한 이들을 위한 가난한 교회일 때, 교회가 가난할 때 힘이 있다. 부자들을 위한 부자들의 교회가 될 때 사회를 향하여 외치는 목소리는 힘을 잃는다. 가난한 자를 돕는다고 하면서 가난한 자의 마음은 생각하지 않고, 자기희생이 전혀 들어 있지 않는 돈 몇 푼 던지면서 가난한 자를 돕는다고 생색을 내는 것은 가난한 자의 인격을 모독하는 위선이다. 자기가 가난한 자들을 위하여 자선을 베푼다는 것만을 홍보하는 이들의 안중에 사실상 가난한 자들은 없다. 그들에게 가난한 자는 자기의 위선적인 자비심을 드러내기 위하여 존재하는 도구에 불과하다. 자기의 선을 드러내고자 적선하는 이들은 가난한 자에게 마음을 주지 못한다. 그들에게 가난한 자란 돈을 요구하는 귀찮은 존재일 뿐이다. 그러나 가난한 자는 동정을 바라는 자가 아니라 따뜻한 마음과 사랑을 갈망하는 존재이다. 부자의 주머니에서 흘러넘치는 몇 푼이 아니라 그 돈에 자기의 마음을 담아 주는 사람을 만나고 싶은 것이다. 그들은 돈이 아니라 자기와 '함께 있어주는' 인정을 바란다. 모든 것을 돈으로 치장하고, 자선을 하되 자기만족을 위해서 하고, 남을 돕되 남에게 보이기 위해서 하는 사람을 프란치스코 교황은 영적 세속성이라는 말로 표현한다. 영적인 옷을 입었지만 속은 욕심으로 가득 찬 인간이다.

나는 가끔 교구 사제들이 자기는 복음삼덕 중에 가난에 대해서는 서약하지 않았다고 떳떳하게 말하는 것을 본다. 이는 자기모순이다. 가난하게 살기로 서약하지 않은 사람이 어떻게 세상에 가난을 이야기할 수 있겠는가. 가난하게 살지 않는 사람이 어떻게 가난한 이들의 가난한 교회에 대해 이야기할 수 있겠는가. 그들에게 가난은 무엇인가. 그렇게 말하는 그들은 가난을 돈과 결부시키고 그러면서 돈의 노예가 되기도 한다. 성직자도 가난의 덕을 쌓아야 한다.

수도자의 삶은 성직자의 근본 삶이고 인류의 근본 삶이어야 한다. 성직자와 인류는 처음부터 수도자 영성을 마음속 깊은 곳에 간직하고 있다. 이를 다시 마음 밖으로 도출해내야 하는데 이것이 수도자의 역할이다. 수도원이 사라진다면 누가 이 삼덕을, 가난한 마음을 이 사회에 심어줄 것인가.

정결

수도생활 교령에서 복음삼덕을 이야기하면서 정결을 먼저 이야기하고 그 다음 가난과 순명을 이야기하는 것도 눈여겨 봐야 할 대목이다. 가난과 순명은 자유로운 마음으로만 행할 수 있기 때문일 것이다. "정결은 사람의 마음을 더없이 자유롭게 하여(1코린 7,32-35 참조) 하느님과 모든 사람에 대한 사랑으로 더욱더 불타오르게" 하며 "수도자가 기꺼이 하느님을 섬기고 사도직 활동에 헌신하는 가장 좋은 길"(12항)이기 때문이다.

우리는 정결을 단순하게 결혼하지 않은 상태로 이해할 때가 많다. 그러나 정결의 의미를 우리는 마리아의 동정에서부터 찾을 수 있을 것이다. 천사가 마리아에게 나타나 아기를 낳을 것이라고 고지했을 때 마리아는 자기는 남자를 알지 못하는데 어떻게 그런 일이 있을 수 있는지 묻는다. 천사가 그것은 성령의 힘으로 말미암은 것이라고 대답하자 마리아는 곧바로 그 말을 받아들인다(정결이 순명으로 이어진다). 마리아의 동정은 단순히 남자를 알지 못하는 상태가 아니라 성령의 궁전이다. 성령의 궁전으로 그는 하느님의 어머니가 된다.

수도자에게 요구되는 정결은 단순히 남자(또는 여자)를 알지 못하는 상태가 아니라 동정의 상태이며 동정의 몸으로 하느님의 어머니의 상태이다.

(남자를 또는 여자를 알지 못하기에) 아기를 가질 수 없는 상태가 아니라 하느님의 어머니로서 하느님을 세상에 낳는 상태이다. 순결한 몸은 동정의 몸이며 하느님을 잉태한 몸이다. 세상에 하느님을 보여주는 어머니와 같은 존재이다. 순결을 서약할 때 자기가 하느님의 어머니라는 것을 생각해 본 적이 있는가?

권위와 순명

어느 날, 중년을 넘어선 어떤 부인이 내게 와서 자기 본당에 나가기 싫다고 했다. 왜냐고 물으니 본당 신부가 보기 싫어서라고 했다. 전에는 안 그랬는데 나이를 먹어서인지 눈이 잘 보이지 않아 미사를 궐했다고 했더니 "눈 먼 것이 무슨 자랑이냐? 나도 눈이 안 보인다."고 핀잔을 주더라는 것이다. 부인은 그 말이 하도 서러워서 몇 날 며칠을 울었다고 했다. 마음을 다잡고 성당에 가려 했으나 자꾸 그 일이 생각나서 마음정리가 되지 않는다는 것이었다. 성직자 수도자들은 알게 모르게 신자들에게 상처를 줄 때가 많다.

교회 직무자가 지닌 권력은 역사 과정에서 많은 주교들이 세속의 군주였을 때 시대의 제약을 받은 상황에서 생겨난 것이지 예수님에게로 거슬러 올라가지 않는다. 예수님은 제자들을 가까이 불러 세상의 가치와 반대되는 말씀을 하신다. "너희도 알다시피 다른 민족들의 통치자라는 자들은 백성 위에 군림하고, 고관들은 백성에게 세도를 부린다. 그러나 너희는 그래서는 안 된다. 너희 가운데에서 높은 사람이 되려는 이는 너희를 섬기는 사람이 되어야 한다. 또한 너희 가운데에서 첫째가 되려는 이는 모든 이의 종이 되어야 한다. 사실 사람의 아들은 섬김을 받으러 온 것이 아니라 섬기러 왔고, 또 많은 이들의 몸값으로 자기 목숨을 바치러 왔다."(마르 10,42-45).

루카는 이를 상황을 다르게 설정하여 말한다. "사도들 가운데에서 누구를 가장 높은 사람으로 볼 것이냐는 문제로 말다툼이 벌어졌다. 그러자 예수님께서 그들에게 이르셨다. '민족들을 지배하는 임금들은 백성 위에 군림하고, 민족들에게 권세를 부리는 자들은 자신을 은인이라고 부르게 한다. 그러나 너희는 그렇게 해서는 안 된다. 너희 가운데에서 가장 높은 사람은 가장 어린 사람처럼 되어야 하고 지도자는 섬기는 사람처럼 되어야 한다.'"(루카 22,24-26)

예수님은 당신의 제자들과 그들의 후계자들이 권세를 부려서는 안 된다고 분명하게 말씀하시며 권력의 남용에 대해서도 분명한 입장을 취하신다. "너희는 그렇게 해서는 안 된다." 그러므로 "첫째가 되려는 이는 모든 이의 종이 되어야 한다." 이런 예수님의 말씀에도 불구하고 교회 안에서 많은 성직자들이 권력에 매달리는 것은 놀라운 일이다. 교회 안팎으로 근원적인 변화가 일어나야 할 것이다. 전능하신 아버지 하느님만이 전능하시다. 그리스도 예수님만이 교회의 주인이시다. 그분은 섬기는 사람으로 우리 가운데에 계신다.(루카 22,27) 인간의 힘이 아니라 하느님의 성령이 우리의 마음 안에 부어졌고 우리의 영을 움직인다. "의지를 일으키시고 그것을 실천하게"(필리 2,13) 하시는 분은 하느님이시다. 교황은 '하느님의 종들의 종'이다. 주교는 자기 교구에서 첫째다. 그러므로 그는 모든 이의 종이 되어야 한다. 이는 본당 공동체의 첫째인 본당 신부들에게도 적용된다.[4]

순명은 아버지의 뜻에 순명하는 것이다. 순명은 "자기 의지를 희생 제물로 온전히 하느님께 바치며, 이로써 하느님의 구원 의지에 더욱 확고하고 확실하게 결합"(수도생활 교령 14항) 하는 일이며, "마치 그리스도께서 하느님 아버지께 순명하심으로써 형제들을 섬기시고, 당신 목숨을 바쳐 많은 사람을 위하여 몸값을 치르신 것(마태 20,28; 요한 10,14-18 참조)"(수도생활교령 14항)처럼 형제들을 섬기고 자기를 죽이는 일이다. 이를 위해 우리는 "언제나 더욱더 '우리 자신에게서 벗어나고' 또 '우리 자신에게서 나가야' 한다."(프란치스코 교황, 한국 수도자들과의 만남)

아버지 하느님의 뜻을 따라 순명하는 사람은 아버지의 아들이 태어나신 마구간으로 달려가며, 아버지의 아들이 달리신 십자가로 향한다. 가난한 이들에게 마음을 주는 자가 하느님의 뜻을 실천하는 자이며 하느님을 사랑하는 자이다. 구유에 누운 아기가 예수가 아니라고 거들떠보지 않고, 십자가에 달린 자가 예수가 아니라고 그냥 지나치고, 그렇게 우리 주변의 굶주린 자, 목마른 자, 헐벗은 자, 병든 자, 감옥에 갇힌 자를 그냥 지나치면서는 하느님을 사랑한다고 할 수 없다. 입으로는 하느님이 우리를 위해 당신 자신을 희생 제물로 내놓으셨다고 고백하면서도 행동으로는 이웃을 위해 조금도 자기 자신을 희생 제물로 내놓을 마음이 없다면 하느님의 뜻을 따른다고 할 수 없다. 그리스도의 뜻을 따른다면 우리는 우리의 몸을 그리스도의 몸으로 바꾸어 나가야 한다. 성체로 만들어 나가야 한다. 우리의 살이 그리스도의 살이 되게 하고 우리의 핏속에 그리스도의 피가 흐르도록 해야 한다. 우리가 성체를 영하는 것은 하느님의 뜻을 따르기 위해서다. 하느님의 뜻을 실천하는 사람은 하느님처럼 세상을 사랑하게 된다.

예언자

복음삼덕에 근거한 삶과 공동체의 삶은 앞에서도 강조했지만 수도자만이 아니라 인간이라면 누구나 살아야 하는 인생의 근본이다. 수도원이 쇠퇴현상을 보인다고 수도원이 추구하는 공동체 생활과 복음삼덕이 그 가치를 잃는 것이 아니다. 오히려 이런 상황에서 수도자는 더욱더 가난과 정결과 순명의 복음삼덕의 삶을 세상과 교회에 증명할 사명을 가지고 있다. 대조 사회의 모습을 보이며 세상의 변화에 대해 대조 프로그램(Kontrastprogramm)을 제시할 수 있어야 한다. "교회와 그리스도교의 미래는 세속성과 종교성의 산만한 환경에서 신앙의 삶을 설득력 있게 그러면서 자유롭게 근원적으로 증명하는 모범적인 그리스도인과 길동무를 광범위하게 발견하는 데에 달려 있다."[5] 이 어려운 시대에 수도자가 복음삼덕을 자기의 몸으로 세상에 보여준다면 그들은 세상의 예언자다.

교황은 스파다로와의 대담에서 복음의 정신을 사는 수도자는 예언자라고 강조한다. "수도자는 예언자입니다. 아버지께 대한 순종과 가난과 공동체 생활과 정결을 통해 예수의 삶을 본받으며 예수를 따르기를 선택한 사람들이지요. 이런 의미에서 서원은 어설픈 풍자화에 그칠 수 없습니다. 그렇게 되고 만다면 예를 들어 공동체 생활은 지옥이 되고 정결은 노총각과 노처녀들이 살아가는 한 가지 방식이 되고 말지요. 정결 서원은 결실을 맺는 서원이어야 합니다. 교회 안에서 수도자들은 특별히 예수께서 지상에서 어떻게 사셨는지를 증언하고 하느님나라가 완성될 때의 모습은 어떠할지를 선포하는 예언자가 되라고 부름을 받았습니다. 수도자가 예언을 포기해서는 결코 안 됩니다. 이는 교회의 교계적 부분에 맞서는 의미가 아닙니다. 예언적 기능과 교계적 구조가 일치하지는 않지만 말입니다. … 예언자라는 것은 때때로 … '소란'을 일으키는 것을 의미할 수도 있습니다. 예언은 시끄럽게 하고 소란을 피우지요. 누군가는 '카지노'라고 하더군요. 그런데 사실 예언의 은사는 누룩이 되는 것입니다. 곧 예언은 복음의 정신을 선포하는 것이지요."⁶ 수도자는 예언을 포기해서는 안 된다.

수도생활 교령은 복음삼덕의 삶을 통하여 세상에 기쁨을 주기를 바라며 결론에서 말한다. "그러므로 모든 수도자는 완전한 신앙, 하느님과 이웃에 대한 사랑, 십자가에 대한 사랑과 내세의 영광에 대한 희망으로 그리스도의 기쁜 소식을 온 세상에 전파하여야 한다. 그리하여 모든 사람이 그들의 증거를 보고, 하늘에 계신 우리 아버지를 찬양하게 될 것이다.(마태 5,16 참조). '그분의 삶이 모든 이의 규율'이신, 지극히 아름다우신 동정 성모 마리아의 전구로 수도 단체들이 나날이 더욱 발전하고 더욱 풍성한 구원의 열매를 맺을 것이다."(수도생활 교령 결론)

수도자에 대한 이야기는 그대로 큰 교회에 적용되고 성직자들에게도 적용된다. 교회는 예언적이어야 하고 성직자는 예언자가 되어야 한다. 수도자의 영성이 필요하다.

4. 성체성사의 삶: 함께 하는 삶

성체신심은 개인 신심이 아니다. 미사와 함께 하는 삶이다. 성체를 영하는 미사를 시작하면서 사제가 "주님께서 여러분과 함께!" 하고 외치면 신자들은 "또한 사제와 함께!" 하고 응답한다. 이 인사는 단순한 의식의 일부가 아니다. 이 인사에 미사의 목적이 들어 있다. 서로 함께 하기 위하여 미사를 드린다.

그리스도인이 성체를 영하는 것은 예수님과 하나 되기 위해서다. 여기서 예수님과 하나 된다는 것은 예수님처럼 말하고 예수님처럼 살고 예수님처럼 죽는 것이다. 내가 성체를 영한다면 예수님처럼 내 몸을 남을 위하여 쪼개고 희생하며 남들의 마음 안에 들어가 그들을 살리기 위해 나를 녹이며 사라지기 위해서이다. 내 몸을 쪼개며 사라지는 것이 내 인생의 목표이다. 내 몸을 쪼개며 사라지기 위해서 나는 존재한다.(그런데 대부분의 그리스도인은 사라지지 않기 위해서 예수님께 신앙을 고백한다)

　남을 위하여 내 몸을 쪼개며 사라지게 하는 곳에 인류 공동체가 가능하다. 공동체는 자기의 이익을 포기하고 이타적인 마음을 가질 때만 가능하다.

주—

1) Andreas R. Batlogg SJ, "Sind Ordenschristen noch Propheten?", 「SdZ」 2014, 721~722 참조
2) 교황 프란치스코.『나의 문은 항상 열려 있습니다 – 안토니오 스파르다로와의 대담』, 국춘심 옮김, 솔출판사, 2014, 34~35. 이하『나의 문』으로 표기.
3) 「나의 문」, 39
4) Erwin Teufel, "Wieviel Macht verträgt die Kirche?", 「SdZ」 2014, 651~656 참조. 그리고 「프란치스코 교황 방한 이후 천주교의 변화」 참조
5) 「Stimmen der Zeit」 2014, 721~722 참조
6) 교황 프란치스코.『나의 문』, 국춘심 옮김, 솔출판사, 2014, 97~98.

출처

정양모, "예수 그리스도와 그리스도인", 2014년 6월 명례 특강

서공석, "예수 그리스도의 하느님", 2014년 5월 8일 명례 특강

이제민, "마음으로 하는 마음을 읽는 마음의 신학", 2014년 명례 복음화학교

이순성, "성체성사 : 먹고 죽읍시다", 2014년 4월 10일 명례 특강

이제민, "프란치스코 교황 방한 이후 한국 천주교에 주어진 과제", 2014년 10월 한국기독교회관 조에홀

정양모, "교회개혁 8개 조", 2014년 6월 특강

이제민, "수도자와 공동체", 2014년 10월 정동 프란치스코 회관

저자 소개

서공석 1934년 태어남. 부산 교구 신부. 광주가톨릭대학교, 서강대학교 교수 역임, 메리놀 병원 병원장 역임. 현재 선목 사제관 상주.

정양모 1935년 태어남. 안동 교구 신부. 광주가톨릭대학교, 서강대학교, 성공회대학교 교수 역임, 2005년부터 다석학회 회장. 현재 서울 항동 상주

이순성 1949년 태어남. 글라렛선교수도회 신부. 광주가톨릭대학교 교수 역임, 현재 광주 글라렛선교수도회 상주

이제민 1948년 태어남. 마산 교구 신부. 광주가톨릭대학교 교수 역임. 현재 명례성지 상주